LE BUSINESS EST DANS LE PRÉ

Ouvrage édité sous la direction de Fabrice d'Almeida

Aurélie Trouvé

Le business est dans le pré

Fayard

Remerciements

Cet ouvrage n'aurait pas vu le jour sans les militant(e)s d'Attac, toutes les associations, syndicats, réseaux citoyens et formations politiques avec qui j'ai été amenée à travailler depuis quinze ans et qui m'ont tant apporté.

Ce travail n'engage que moi. Mais il est aussi le fruit des échanges – parfois contradictoires, toujours constructifs – que j'ai eus avec mes collègues, enseignants, chercheurs, économistes, sociologues et agronomes.

Création graphique : Un chat au plafond

ISBN 978-2-213-67887-0

INTRODUCTION

En 1979, année de ma naissance, Margaret Thatcher arrive au pouvoir ; Ronald Reagan lui emboîte le pas. À eux deux, ils vont bousculer les règles de l'économie mondiale et favoriser la prise de pouvoir du monde financier.

Pour nous qui sommes nés avec le néolibéralisme économique, les impératifs des marchés et de la finance sont devenus une évidence. Ils commandent nos sociétés et ont envahi nos vies, consacrant la formule fétiche de Margaret Thatcher : « Il n'y a pas d'alternative. »

Trente-cinq ans plus tard, les paysans, qui représentent près de la moitié des travailleurs dans le monde, sont parmi les grands perdants de cette évolution. En proie à la constitution d'un immense marché, qui met en concurrence déloyale les économies du monde entier, l'agriculture paysanne est, du Nord au Sud, touchée de plein fouet.

Durant ces dix dernières années, l'emprise sur les terres n'a cessé de se renforcer, au détriment de notre alimentation, de nos paysages et de la nature. Une mainmise portée non par une vague entité qui planerait au-dessus de nos têtes, un « grand capital », une finance diffuse, inatteignable et invincible, mais par une minorité très concrète d'hommes et de femmes qui détiennent la plupart des capitaux et jouissent de privilèges exceptionnels. Ceux-ci forment ce qu'on appelle encore l'« agrobusiness », faisant de toutes les activités reliées à l'agriculture et à l'alimentation des objets de profit au risque de détruire l'environnement et l'emploi.

Leur offensive a des retombées concrètes et quotidiennes dans nos champs et dans nos assiettes. La campagne se vide de ses paysans. Beaucoup d'entre eux savent de moins en moins composer avec la nature, alors même que celle-ci se détériore. L'alimentation qu'ils produisent répond à des conditions que nous ignorons. Mais une des caractéristiques de ce nouvel envol de la finance, de cette nouvelle emprise de l'agrobusiness, est d'accompagner son action de discours idéologiques inédits : publicités et slogans aux couleurs du respect de l'environnement et de pseudo-préoccupations sociales. Ces responsables agricoles, de gouvernement et d'institutions internationales m'effraient par leur capacité à reprendre à leur compte les formules de ceux qui les critiquent tout en poursuivant les mêmes politiques.

*

Je suis tombée par hasard dans le « chaudron agricole ». Rien ne m'y prédisposait : personne dans ma famille n'est agriculteur et j'ai bien plus vécu à la ville qu'à la campagne. J'ai opté en cours de chemin pour une formation d'agronome, sans savoir vraiment de quoi il retournait. Mon métier m'a ouvert un champ immense de questionnements sur des pans essentiels de la société et de notre façon de vivre. L'agriculture n'emploie que 3 % des travailleurs en France, mais ses enjeux nous concernent tous.

Pouvoir se nourrir suffisamment et sainement est un droit humain fondamental qui dépend de la façon dont on produit les aliments. L'agriculture occupe près de la moitié des actifs et un tiers des terres émergées dans le monde. La mainmise des marchés et de la finance sur l'agriculture a des conséquences sur notre alimentation, nos emplois, nos paysages, la qualité de nos sols et de nos eaux.

Si c'est le souhait de la majorité des citoyens de conserver des bocages, des campagnes entretenues et vivantes, des eaux propres, de la nourriture saine, alors il faut nous en donner les moyens.

Il n'est pas question de faire passer tous les agriculteurs au bio et à la vente directe du jour au lendemain, mais de bifurquer dans la direction de ces pratiques alternatives – et de bien d'autres. La plus grande partie du lait standard finira en briques de lait, en yaourts, en beurre ou encore en poudre de lait « conventionnel », hors signe de qualité et hors circuit court. Ce lait « conventionnel » est produit par des agriculteurs qui, bien souvent, peinent à boucler leurs fins de mois, au terme de semaines à rallonge. Leur lait répond à des exigences de qualité déjà élevées, mais beaucoup de ces fermes sont condamnées soit à disparaître, soit à se concentrer et à s'agrandir, à se mécaniser davantage et à s'endetter, à perdre des emplois, à augmenter le nombre de vaches pour finir par ne plus les laisser sortir, à multiplier les traitements sanitaires. Comment aller vers un modèle agricole et alimentaire qui réponde aux attentes des citoyens ?

La plupart des Français font leurs courses chez Lidl, Carrefour ou Leclerc. Ils consomment des tomates en hiver et des bananes d'Équateur, ne regardant que leur prix et sans chercher à savoir d'où elles proviennent. Ils ne cuisinent pas et achètent le plus souvent du « prêt à manger ». Mais peut-on blâmer les consommateus d'agir ainsi ? Ne faut-il pas avoir la chance d'être informé, avoir assez d'argent pour manger bio, pouvoir disposer d'un point de vente de produits locaux près de chez soi et de temps pour cuisiner ? Quelqu'un qui gagne le SMIC, qui croule sous les heures supplémentaires pour s'en sortir, qui passe un temps fou dans les transports, peut-il manger autrement ?

Impossible, en effet, de décréter du jour au lendemain : « Mangeons tous bio, mangeons tous local. » Avant de culpabiliser les consommateurs, il faut donner la possibilité à chacun de s'alimenter de façon saine et suffisante. Ce n'est donc pas uniquement aux consommateurs de réagir, ni même aux agriculteurs, enfermés qu'ils sont dans des trajectoires dont il est difficile de sortir. C'est aussi à l'État, à la puissance publique, aux femmes et aux hommes politiques, de prendre leurs responsabilités et de répondre aux aspirations des citoyens. Pour que chacun puisse se nourrir, il faut répartir plus justement les richesses. Il faut des salaires suffisants, du temps pour préparer sa nourriture, et, bien plus encore, pour être citoyen. En ce sens, il faut considérer les trente-cinq heures par semaine comme un progrès social essentiel.

Ainsi, le « produire et manger mieux » renvoie à beaucoup d'autres questions. Quand on tire sur ce fil, on peut dérouler toute une pelote, qui met au jour de nouvelles façons de vivre en société. J'ai parfois entendu dire lors de conférences : « Mais vous voulez nous obliger à être végétaliens et paranoïaques ? » Rassurez-vous, j'aime la « bonne bouffe », j'aime reconnaître des goûts marqués et différents selon la variété de telle ou telle tomate, j'aime attendre l'été pour retrouver certaines saveurs, j'aime, à l'occasion, boire du bon vin et déguster une bonne viande. Et nos enfants devront pouvoir aussi se le permettre, si nous transformons en profondeur et progressivement les façons de produire et de consommer, et si nous remettons en cause la domination de l'agrobusiness qui se cache derrière les beaux discours.

Dans l'agriculture et l'alimentation, une multitude d'alternatives se dessinent. Alternatives que j'ai pu rencontrer tout au long de mon parcours professionnel et militant : retour aux circuits courts, au bio et aux terroirs, labels de qualité, lutte contre les expropriations de paysans et réappropriation collective des terres, lutte contre la brevetabilité des semences et contre les OGM, création de forums pour la souveraineté alimentaire... Au Sud comme au Nord, les luttes et pratiques locales se multiplient, comme autant d'alternatives concrètes à l'agrobusiness et à la mainmise des marchés. Mais à quelles conditions ces alternatives locales pourront-elles engendrer une transformation globale de nos façons de produire, de consommer et d'échanger ? Les mouvements citoyens, sociaux, les pensées critiques sont-ils suffisamment puissants face à l'offensive affairiste ? Faire connaître la brutalité subie par le monde agricole est le premier pas de cette prise de conscience. Là réside le projet de ce livre.

Chapitre premier

L'AFFIRMATION D'UN MODÈLE AGRO-INDUSTRIEL

Francis, producteur de lait bio dans l'Aveyron, m'accueille à l'entrée de sa ferme. Il fait chaud, l'été bat son plein. Dans ce décor de prairies bordées de haies, une cinquantaine de vaches pâturent une bonne partie de l'année, sur 100 hectares (l'équivalent de 100 terrains de football). Francis a le sourire, il se dit heureux. Certes, il ne gagne pas des mille et des cents, mais il vit correctement, avec un travail qu'il adore. Ici, pas de technologie dernier cri, mais une connaissance fine des cycles naturels et des savoirs agronomiques. Des rotations longues, du fumier composté et des légumineuses pour enrichir le sol. De l'herbe l'été, du foin, des céréales et un petit peu de tourteaux de colza et de tournesol l'hiver : ici, on fonctionne le plus possible en autonomie, pour éviter de dépendre des grandes industries qui vendent engrais et pesticides, machines et alimentation du bétail. Le lait est vendu à une coopérative de producteurs dont les paysans gardent le contrôle. Pour le reste, on livre à trois fromageries locales, on transforme à la ferme et on vend directement la quinzaine de cochons, du fromage, des confitures, de l'huile de colza, du jus de pomme… On reçoit régulièrement des écoliers pour leur expliquer d'où vient ce qu'ils mangent.

De Najac à Drucat-le-Plessiel

À Najac, dans la ferme de ses parents, Francis est fier d'avoir pu installer à ses côtés ses associés, Laurent puis Romaric, un jeune de 28 ans. Francis et Laurent auraient pu faire un autre choix : investir dans un robot de traite ou du bétail supplémentaire pour vendre plus, augmenter leur patrimoine et défiscaliser par le truchement de l'optimisation fiscale – c'était ce qui paraissait de bon sens pour sa comptable. Mais ils se seraient également endettés, auraient dû travailler toujours plus... Ils ont préféré « choisir l'humain plutôt que la mécanisation », prendre un troisième homme pour se partager le travail et s'octroyer à tour de rôle des week-ends ou des vacances : un luxe, dans l'élevage laitier. Ils ont préféré ce qui est devenu le plaisir de traire, un jour sur trois.

Toutefois, Francis peste un peu : un voisin vient d'épandre du désherbant pour tuer les amarantes dans le champ d'à côté, un jour de grand vent ! Il m'explique qu'il aurait sans doute pu éviter ce traitement s'il n'avait pas travaillé un sol trop sec. Il me raconte aussi qu'il a lui-même utilisé des pesticides, une seule fois, peu après son installation, et qu'il s'est retrouvé malade pendant deux jours. Ce qui n'est rien, dit-il, comparé à ce qui arrive à certains copains. De fait, de plus en plus de voix s'élèvent contre les effets des pesticides sur les travailleurs agricoles. Je me souviens de ce paysan retraité qui un jour, dans un débat où je me trouvais, s'est levé pour nous déclarer, les larmes aux yeux : « À cause de cette foutue agriculture productiviste, j'ai chopé un cancer des testicules. »

Il a dû faire face aux tabous et à la résistance d'une partie de la profession agricole.

En 2013, une expertise collective de l'Institut national de la santé et de la recherche médicale soulignait[1] : « Les pesticides sont présents partout dans l'environnement. On peut les trouver dans l'air (air extérieur et intérieur, poussières), dans l'eau (souterraine, de surface, du littoral...), dans le sol et dans les denrées alimentaires (y compris dans certaines eaux de consommation). » L'expertise rappelait également que les résultats des enquêtes épidémiologiques effectuées depuis les années 1980 sur des travailleurs agricoles révèlent « l'implication des pesticides dans plusieurs pathologies, en particulier des pathologies cancéreuses, des maladies neurologiques et des troubles de la reproduction ».

Pour Francis, le choix de l'agriculture biologique, c'est donc le choix de vivre bien et en bonne santé dans sa ferme. Un choix fort pour lui, paysan syndiqué à la Confédération paysanne, entouré d'agriculteurs en « conventionnel » et membres de la FNSEA, mais un choix raisonnable, qui le « rend heureux », heureux de faire des choses avec ses mains, de tailler

1. INSERM, « Pesticides. Effets sur la santé », Paris, 2013.

des haies, de planter des arbres, d'emmener ses vaches au pré, de « garder les pieds sur terre ». Heureux d'avoir du temps pour sa famille, ses amis, son engagement militant.

À l'autre bout de la France, dans une commune nommée Drucat-le-Plessiel, c'est une tout autre ambiance. Des champs à perte de vue, quasiment sans haie, sans arbre à l'horizon. En ces mois d'été 2013, on assiste au ballet des tractopelles et des camions sur une vaste étendue de terre nue. Quelques mois plus tard, des bâtiments préfabriqués d'une envergure de 200 mètres voient le jour en plein champ. Arrivent des machines pour traire 50 vaches en même temps. Quelque 3 000 hectares sont accaparés dans une seule exploitation, soit la moitié de la superficie de Paris. Bienvenue à la « ferme des 1 000 vaches » ! En réalité, ce sont 1 750 bovins qu'on a prévu d'installer ici bientôt...

Cette « usine à lait et à viande » est financée à hauteur de 11 millions d'euros par Michel Ramery, un homme d'affaires du BTP et 387e fortune de France avec 120 millions d'euros. Ce proche d'élus du coin a déjà emporté en quelques années des centaines de marchés publics en Picardie. Sur le site du groupe, on peut lire trois engagements : construire « l'avenir de nos territoires », « pour un environnement durable » et « une relation de confiance avec nos salariés ». Aucune trace, en revanche, du projet de la ferme-usine, qui sera agrémentée du plus gros méthaniseur d'Europe : la transformation en électricité des déjections des vaches, des déchets urbains et des boues d'épuration promet pourtant de bons profits financiers, grâce à un prix de rachat de l'électricité soutenu par la puissance publique. Au nom du développement durable, les contribuables participeront également au projet *via* des aides versées pour le méthaniseur par les collectivités territoriales.

La durabilité du projet pose néanmoins question, à commencer par le « digestat », résidu des déjections non intégrées par le méthaniseur, qui risque de polluer les nappes phréatiques, à seulement quelques kilomètres de la baie de Somme. Mais, surtout, la production importante de ce « digestat » dans un même lieu implique qu'il soit transporté vers d'autres sites sur de longues distances. D'où une consommation de carburant et une surcharge des routes, avec leurs coûts écologiques, les risques d'accidents et autres nuisances sonores…

Le robot de traite et la taille de l'élevage empêchent tout pâturage des vaches, qui seront parquées toute l'année dans les bâtiments. Dans cet immense élevage confiné, les médicaments, antibiotiques, antiparasitaires, vaccins et sérums devront être abondamment utilisés afin de parer à des problèmes métaboliques, à des risques d'épidémie d'autant plus élevés. En conséquence, ces substances pourront se retrouver – certes, en dessous d'un certain seuil réglementaire – dans le lait et la viande consommés. Sans oublier le surcroît des frais vétérinaires et de tous ceux liés à l'alimentation animale, aux machines, aux bâtiments... Ces conséquences du « zéro paturage » ne sont malheureusement pas propres à la ferme des 1 000 vaches, mais celle-ci est le modèle parfait des dérives de l'agro-industrie.

Cette façon de produire implique donc de forts coûts d'investissement et de fonctionnement par litre de lait produit. Pour rentabiliser l'affaire, il faut produire le plus possible par vache et par travailleur, au détriment de l'emploi, de l'environnement, des conditions sanitaires et du bien-être animal. Dans cette exploitation-usine, la production de 8 millions de litres de lait fera vivre dix-huit salariés quand la ferme du Marigot, celle de Francis, qui produit 240 000 litres, fait vivre trois fermiers. La ferme-usine est donc cinq fois moins productrice d'emplois que le Marigot (et trois fois moins que la moyenne des exploitations laitières françaises). L'accaparement des 3 000 hectares fera pression sur le marché foncier et empêchera des jeunes de s'installer. Quant aux nouveaux volumes de lait, qui pourront se vendre à faible prix si le méthaniseur est assez rentable, ils viendront engorger un peu plus les marchés et pressurer les prix vers le bas, dans un contexte, on le verra, de dérégulation et de surproduction. Sans compter les centaines de milliers d'euros de la politique agricole commune, versés en aides directes sur les milliers d'hectares agricoles concernés.

Cependant, Michel Ramery l'a affirmé : « Je vais aller jusqu'au bout. » Face à lui, les populations locales se sont organisées et ont formé une association : Novissen (NOs VIllages Se Soucient de leur ENvironnement). Le 28 mai 2014, des paysans ont refusé l'industrialisation de l'agriculture et se sont introduits sur le site pour démonter symboliquement des pièces de la salle de traite. Celles-ci ont été rapportées à Paris pour être remises à Stéphane Le Foll, ministre de l'Agriculture, et à Ségolène Royal, ministre de l'Écologie et du Développement durable, qui, ce jour-là, inauguraient le « Printemps Bio » au parc de la Villette.

Le ministre de l'Agriculture a eu beau faire de l'« agro-écologie » l'un de ses slogans, l'État a délivré l'autorisation de construction de la ferme des 1 000 vaches. Laurent Pinatel, porte-parole national de la Confédération paysanne, est venu réclamer au ministre, au nom des paysans, un peu de cohérence entre les paroles et les actes. Il s'est fait arrêter le soir même et a rejoint en garde à vue d'autres militants interpellés pour « dégradation en réunion », « incitation à la dégradation en réunion », « vol », « recel », « refus de prélèvement ADN ». Néanmoins, l'action de ces lanceurs d'alerte n'aura pas été inutile. Certes, la ferme-usine a fini par démarrer sa production, avec 450 vaches ; mais, pour aller au-delà, il lui faudra une autorisation préfectorale. La capacité de production du méthaniseur est réduite au quart du projet initial et son approvisionnement se limitera aux déchets d'origine agricole.

La note payée par neuf de ces lanceurs d'alerte est pourtant salée. Leur procès, où j'étais témoin, s'est tenu le 28 octobre. Pour l'occasion, 4 000 personnes venues de toutes les régions de France se sont rassemblées, répondant à l'appel de multiples organisations écologistes, paysannes, syndicales... En fin de journée, les sanctions sont tombées, dont cinq mois de prison avec sursis pour Laurent Pinatel. Les promoteurs de la ferme des 1 000 vaches réclament également près de 150 000 euros de dommages et intérêts.

La ferme de Francis et la ferme des 1 000 vaches représentent bien sûr deux réalités extrêmes en France : tous les agriculteurs ne peuvent aujourd'hui épouser le modèle de la première, et tous ne sont pas en train de ressembler à la seconde. Entre les deux existe une multitude de situations. Or la question subsiste : vers quel type d'agriculture voulons-nous nous diriger ? Plutôt vers la première ou plutôt vers la seconde ? Du point de vue de la durabilité sociale et environnementale, la réponse semble claire. Pourtant, la ferme de Francis représente une agriculture qui reste marginale, vers laquelle ne tend pas la très grande majorité des exploitations. Et force est de constater que les politiques mises en place y sont pour beaucoup.

Produire toujours plus, toujours moins cher, avec toujours moins d'agriculteurs : voici désormais, au nom de la modernité, le paysan devenu un entrepreneur agricole, qui doit cultiver de plus en plus d'hectares. À cette fin, il doit acheter des engins toujours plus gros et, pour leur faire de la place, il doit détruire les haies, fossés, chemins ou autres zones humides. Afin d'obtenir les meilleurs rendements, il doit déverser de plus en plus d'engrais et de pesticides, irriguer davantage, stopper ses rotations de cultures, développer la monoculture et sélectionner de plus en plus ses espèces.

« Armé de ces appareillages et indifférent à sa terre, spécialisé dans une spéculation dont il connaîtra bien la technique et le marché, le producteur de l'avenir n'aura plus rien de commun avec son grand-père paysan, qui avait appris de ses anciens un système de cultures et de savoir-faire délicats et raffinés. » Dès 1967, Henri Mendras entrevoyait cette évolution, encensée à l'époque : certes, elle condamnait des centaines de milliers de personnes à chercher des emplois ailleurs, mais elle allait assurer la sécurité alimentaire de l'Europe et fournir l'industrie en main-d'œuvre. Elle allait apporter à une nouvelle génération d'agriculteurs de meilleurs revenus, de meilleures conditions de travail. Elle les ferait enfin entrer dans l'ère de la modernité.

Il faut bien l'admettre, cette restructuration a abouti à un doublement de la production agricole en France durant la seconde moitié du XXe siècle. Elle l'a transformée en exportatrice nette. Elle s'est accompagnée d'énormes progrès réalisés pour la sécurité sanitaire des aliments. Mais, après coup, sont apparues les dérives sociales et environnementales de ce modèle agro-industriel.

Aujourd'hui, de multiples voix s'élèvent contre la poursuite sans fin de cette restructuration, de cette intensification à tout prix de la production par hectare, par vache, par travailleur, de cette mécanisation, de cette agro-industrialisation. Étonnamment, ces voix émanent même parfois de certains des promoteurs du productivisme d'après-guerre, tel Edgard Pisani, ministre de l'Agriculture des années 1960 : « Je me reproche de ne pas avoir compris qu'il fallait fixer une limite. » Dans un contexte de chômage de masse, la destruction d'emplois agricoles n'est plus compensée par la création d'autres emplois.

De même, la consommation toujours plus importante d'énergies fossiles et la dévastation des ressources naturelles par l'agro-industrie contribuent un peu plus à la crise écologique globale. Déconnectée des écosystèmes, cette agriculture maltraite les sols, pollue les eaux, dégrade la biodiversité, au risque de retourner contre elle les forces de la nature. Le 24 juin 2014 tombent les résultats d'une étude menée par un groupe international d'une cinquantaine de scientifiques[1] : des « néonicotinoïdes », nouvelle génération d'insecticides comme le Gaucho, seraient responsables d'une chute vertigineuse des populations d'abeilles, de bourdons, de papillons, de vers de terre et de micro-organismes. Ces néonicotinoïdes se partagent 40 % du marché mondial des insecticides agricoles, soit près de 2 milliards d'euros de chiffre d'affaires. Mais, en tuant les espèces qui transportent le pollen, ils empêchent la pollinisation des cultures. En s'attaquant aux insectes qui eux-mêmes nourrissent la faune des sols, ils en détériorent le potentiel agricole. À long terme, c'est donc l'agriculture elle-même et sa capacité de production qui sont les victimes de cette utilisation à outrance de pesticides.

Le 10 mars 2014, j'ouvre les pages du *Monde* et y découvre un énième article sur les dégâts

1. Voir leur site : http://www.tfsp.info.

sanitaires que l'agriculture industrielle engendre. Après l'analyse d'une centaine d'échantillons de poulet et de dinde à la vente, l'UFC-Que choisir alerte sur la présence de bactéries résistantes à un ou plusieurs antibiotiques dans près d'une vingtaine d'échantillons. Dans de nombreux élevages, les poulets ont droit à plusieurs doses d'antibiotiques durant leurs deux mois d'existence. Selon l'Organisation mondiale de la santé (OMS), la moitié des antibiotiques produits dans le monde sont destinés aux animaux.

Ce sont ainsi de multiples alertes qui sont lancées quant aux conséquences sanitaires, environnementales et sociales de l'agro-industrie. Non contente de détruire la nature et la santé de consommateurs, l'agro-industrie détruit également des hommes et des femmes qui travaillent la terre. Édouard Bergeon, auteur d'un documentaire sur ce fléau, témoigne du suicide de son père, survenu il y a quinze ans. Celui-ci avait 45 ans. Menacé de dépôt de bilan, Christian Bergeon a avalé des pesticides pour en finir : « On l'a encouragé à faire toujours plus et il s'est fatigué, jusqu'à commettre l'irréparable. »

Tous les deux jours, en France, un agriculteur se suicide. Selon l'Institut national de veille sanitaire, le taux de suicides est supérieur de 50 % à celui de l'ensemble des salariés en France.

Suicides qui seraient liés notamment aux difficultés financières de ces agriculteurs. Entre autres raisons, un endettement qui a presque triplé en vingt-cinq ans et qui les enchaîne aux banques et sociétés de crédit, jusqu'à ce qu'ils ne puissent plus payer. Car, pour se « moderniser », il faut beaucoup investir. Pour s'installer, il faut disposer d'un capital de plus en plus important, s'accommoder de revenus très fluctuants, avec des prix de vente de plus en plus volatils et qui ne couvrent bien souvent pas les coûts de production. Dans l'élevage laitier, en particulier, il faut accepter de se passer de vacances, de week-ends, et de travailler parfois près de quinze heures par jour. Difficile de subir cela toute une vie.

L'agro-industrie au-delà des frontières

La formidable hausse des rendements s'est faite au prix d'une restructuration sans précédent de l'agriculture. Alors que nous connaissons un chômage de masse, l'équivalent de 20 000 emplois à temps plein disparaît chaque année dans les fermes de France[1]. Les agri-

1. Source Agreste.

culteurs, qui constituaient le tiers des emplois après la Seconde Guerre mondiale, n'en représentent plus que 3 %. Ce sont près d'un million d'emplois en vingt ans qui ont disparu, soit presque autant que dans toute l'industrie réunie. Cette destruction d'emplois agricoles passe presque inaperçue dans la société française : pas de plans sociaux ni de délocalisations ; le plus souvent, ce sont juste des exploitations non reprises au départ à la retraite des agriculteurs et des terres récupérées par d'autres, plus importantes.

Cette destruction d'emplois passera-t-elle autant inaperçue dans les pays de l'Est ou dans certains pays du sud de l'Europe ? En seulement cinq ans, de 2005 à 2010, les douze nouveaux États membres ont perdu 2 millions d'emplois agricoles[1]. Or, en Roumanie, en Pologne ou en Bulgarie, tout comme au Portugal ou en Grèce, l'agriculture représente encore plus de 10 % des emplois et assure dans certaines régions la subsistance d'une large part des populations rurales. Qu'arrivera-t-il à ces populations s'il leur est appliqué la même trajectoire de développement qu'en France, en Allemagne ou, *a fortiori*, au Royaume-Uni ? Dans un contexte

1. Source : Commission européenne.

de chômage de masse, qui frise les 10 % en moyenne et dépasse les 20 % en Grèce, que pourront-elles faire d'autre qu'aller nourrir les poches de pauvreté urbaines ?

La restructuration en cours n'est pas près de s'arrêter. Tandis qu'il y a de moins en moins d'agriculteurs à leur compte, le salariat se développe dans les exploitations, avec, en France, selon la CGT, plus de 80 % de contrats précaires, de saisonniers ou de temporaires. Pour être le plus compétitifs possible, les exploitants agricoles salarient au plus bas coût, dans des conditions de travail parfois déplorables, voire illégales. Il faut pouvoir concurrencer les exploitations étrangères, comme en Allemagne.

Le 3 juillet 2014, les députés allemands ont approuvé une mesure phare du gouvernement d'Angela Merkel : l'instauration d'un salaire horaire minimum de 8,50 euros brut pour tous les secteurs. Pour tous, sauf quelques catégories professionnelles comme les saisonniers agricoles. Les grands exploitants agricoles se sont battus contre. Et pour cause : l'emploi à très faible coût de ces travailleurs permet aux agriculteurs allemands de défier toute concurrence en Europe – mais à quel prix social ?

J'ai pu l'apprécier lors d'une mission de recherche réalisée il y a dix ans.

C'est le mois de mai : l'asperge – *Spargel* – est récoltée dans toute l'Allemagne ; en cette saison, elle est à l'honneur au menu des restaurants et cuisinée dans de nombreux plats. J'ai été invitée dans l'une de ces immenses exploitations dévolues à l'asperge, dans le Brandebourg, près de Berlin : les champs s'étendent à perte de vue, sans un obstacle à l'horizon. De grands préfabriqués alignés le long des champs servent à accueillir pendant des semaines, au moment de la cueillette, des centaines de saisonniers *low cost* venus des pays de l'Est, et payés – suivant les sources – de 4 à 6 euros brut de l'heure[1]. Chaque jour, avant même que le soleil se lève, le dos courbé pendant des heures, ils ramassent les fameuses *Spargel*, espérant envoyer ensuite au pays de quoi nourrir leurs familles.

Bien d'autres États n'appliquent ni salaire minimum ni limite à la durée de travail. En outre, en France comme dans les autres pays européens, se développe le recours à des

1. Voir aussi C. Thommerel, « Entre les logements préfabriqués et les champs d'asperges... », site internet de « Agriculture paysanne et travailleurs saisonniers migrants », 2014.

agences étrangères qui font venir des intérimaires de l'est de l'Europe ou d'Amérique latine, offrant ainsi des prestations de service à des exploitants (des ouvriers pour la récolte, par exemple). Elles profitent des règles européennes concernant les « travailleurs détachés », qui seraient près de 170 000 en France – avec une augmentation de 32 % pour la seule année 2012, comme l'atteste un document de la Direction générale du travail[1]. Ces agences ne sont soumises qu'aux cotisations sociales du pays d'origine, ce qui permet de faire jusqu'à 30 % d'économie sur les frais salariaux, ainsi que l'indique un rapport du Sénat[2].

Parmi ces agences, on trouve Terra Fecundis, entreprise d'intérim espagnole forte de plusieurs milliers de salariés, dont les pratiques douteuses ont été révélées par des journalistes, des syndicats, des chercheurs[3]. Leurs employés, souvent équatoriens, sont envoyés d'un pays

1. Direction générale du travail, « Analyse des déclarations de détachement des entreprises prestataires de service en France en 2011 », 2012.

2. E. Bocquet, « Le travailleur détaché : un salarié *low cost* ? Les normes européennes en matière de détachement des travailleurs », Rapport n° 527, Sénat, 2013.

3. Voir, par exemple, les travaux de Béatrice Messini et de ses collègues.

à l'autre en fonction des besoins. Ils viennent travailler dans les serres d'Andalousie, dans des champs d'asperges ou des vergers du sud de la France. Mal payés, licenciables du jour au lendemain, ils sont complètement dépendants du bon vouloir de l'agence qui les gère en totalité. Quant aux agriculteurs patrons, ils peuvent ainsi sous-traiter la précarité, bénéficiant d'une main-d'œuvre moins capable de se défendre en cas d'attaque de leurs droits et plus docile dans l'espoir d'être réembauchée. Terra Fecundis, créée en 2000, est en pleine expansion, et son patron, Celedonio Perea, a été sacré entrepreneur de l'année 2009 par la région de Murcie, en Espagne, où siège la société.

Qu'ils soient employés par des boîtes d'intérim ou directement par les exploitants agricoles, beaucoup de salariés agricoles travaillent au noir. Ce qui ressort des rares études disponibles, c'est que l'agriculture est un des premiers secteurs économiques à employer des travailleurs de façon illégale. Impossible d'en connaître vraiment le nombre. Salaires en dessous des normes légales, heures supplémentaires, pauses et travail de nuit mal payés, voire non payés, temps de travail bien au-delà du maximum autorisé... Les exemples connus se multiplient, mais ne sont que la partie émergée de l'iceberg. Ce travail illégal touche essentiellement les migrants, massivement employés dans les 40 000 hectares des serres espagnoles d'Almería ou dans les vergers de la plaine de la Crau. « Chutes, accidents lors de la taille, renversements de tracteur, intoxications chroniques et/ou aiguës aux pesticides » : la réalité est particulièrement préoccupante. Elle a été méthodiquement analysée dans un travail de thèse[1], qui montre à quel point ces travailleurs migrants sont vulnérables. Ils sont incités à accepter des conditions de travail proches de l'esclavage moderne pour subsister, et sont dans l'impossibilité d'obtenir réparation.

Seuls quelques patrons agricoles contrevenants finissent par être traduits en justice. Ainsi, en 2011, vingt-quatre ouvriers marocains, dans les Bouches-du-Rhône, ont osé poursuivre au tribunal deux exploitants agricoles de Berre qui les employaient, pour certains depuis plus de vingt ans, avec des semaines de travail qui pouvaient aller jusqu'à cinquante-sept heures

1. F. Decosse, « La santé des travailleurs agricoles migrants : un objet politique ? », *Études rurales*, n° 182, 2008.

l'été et des heures supplémentaires très partiellement rémunérées. Ces ouvriers avaient été licenciés pour la seule raison qu'ils avaient ralenti leur rythme de travail. Trois ans auparavant, dans la même commune, François Otta, un autre patron agriculteur, avait été poursuivi : il avait amassé une petite fortune. Chez lui, quinze ouvriers sur vingt-cinq n'étaient pas déclarés ; selon leurs dires, ils touchaient entre 4 et 5 euros de l'heure. Ils étaient hébergés au « Gourbi de Berre », un bidonville où lui et d'autres exploitants agricoles venaient se fournir en main-d'œuvre en fonction des besoins[1].

L'emploi de main-d'œuvre bon marché, voire illégale, n'est bien sûr pas l'apanage de l'Europe de l'Ouest. Dans des exploitations de plus en plus grandes des pays de l'Est, des fermes collectives ou d'État sont passées dans les mains de grands patrons, de multinationales ou de fonds financiers. Elles peuvent employer chacune plusieurs centaines d'ouvriers : on est passé des sovkhozes et des kolkhozes à l'agrobusiness. Ainsi, en République tchèque, 200 exploitations de plus de 2 500 hectares – soit cinquante fois la taille moyenne d'une

1. Voir à ce propos le site internet de la Codetras.

exploitation française – occupent déjà 20 % des terres. Des holdings agro-alimentaires intègrent ces nouvelles fermes géantes dans leur montage. Ce sont des multinationales qui manient l'« intégration verticale » et concentrent en leur sein les activités de fourniture d'intrants (machines, engrais, semences...), de production et de transformation.

Miratorg, holding de l'agrobusiness russe, s'est ainsi lancée depuis 1995 dans la production et la transformation de porcs, de volailles, de viande bovine, de céréales... Avec le seul porc, elle produit près de 3 millions de têtes par an sur une vingtaine d'exploitations « automatisées », soit 150 000 cochons produits chaque année sur chaque exploitation. Sur son site, l'objectif est clair : rivaliser avec les rendements obtenus aux Pays-Bas, en Allemagne ou au Danemark. 22,36 cochons commercialisés par an et par truie, 751 grammes de gain de poids par jour, conversion de 1 kilo d'alimentation animale en 2,94 kilos de cochon, rendement à l'abattage de 72 %... Tout est calculé et organisé afin d'atteindre des rendements optimaux. Comme pour un autre placement financier, l'objectif est la rentabilité maximale des capitaux investis, qui peuvent se retirer à tout moment de ces terres louées à de petits propriétaires privés. Les productions s'orientent vers ce qui est le plus rapidement rentable ou facilement exportable, au détriment des productions tournées vers les populations locales[1].

Ces exploitations géantes sont également répandues outre-Atlantique. C'est devenu la spécialité de l'Ouest américain : dans beaucoup d'entre elles, le nombre de vaches dépasse 1 000 en Californie, de 2 000 à 3 000 de l'autre côté des Rocheuses, voire de 6 000 à 10 000 dans les nouvelles installations du Midwest[2]. Ainsi, la moitié du lait produit aux États-Unis provient d'exploitations de plus de 1 000 vaches chacune.

Toujours dans le secteur laitier, et rien qu'en Chine, Nestlé et l'entreprise néo-zélandaise Fonterra ont prévu d'investir dans

1. M.-C. Maurel, « La grande maille agraire en Europe centrale », et P. Grouiez, « Des kolkhozes à l'agrobusiness en Russie », dans « Les agricultures de firme. Organisations et financiarisation », *Études rurales*, n° 190, 2012.

2. M. Deruaz, J.-C. Kroll, A. Trouvé, « Analyse des différents modes de régulation des marchés des produits laitiers dans le monde », rapport Agrosup-Dijon/MAAP, Paris, 2010.

une dizaine de fermes regroupant chacune des milliers de vaches. C'est pourtant une multinationale française qui s'est lancée dans une des plus grandes exploitations agricoles mondiales : Danone, avec son partenaire Al Safi, a ouvert, dès la fin des années 1990, une ferme de 32 000 bovins dans le désert d'Arabie Saoudite. Une stratégie que la multinationale compte bien poursuivre.

Bien d'autres grands patrons et multinationales souhaitent investir dans ces exploitations géantes : ainsi en Amérique latine pour le soja et les agrocarburants, en Asie pour l'huile de palme... Dans de multiples régions du monde, une agriculture de grande industrie se met en place, dans des exploitations détenues par des agriculteurs transformés en entrepreneurs et en grands patrons, de grandes familles, des multinationales et des fonds financiers qui salarient des agri-managers et leurs subalternes.

Il est vrai que l'agriculture familiale reste la principale forme d'agriculture dans le monde. En France, même si 2 000 exploitations dépassent un chiffre d'affaires potentiel d'un million d'euros – en particulier dans la production de volailles, de porcs, de vin et de fleurs[1] –, la plupart des exploitations emploient une ou deux personnes. Mais, face à la nouvelle volatilité des prix, à la concurrence de plus en plus rude qui règne sur les marchés agricoles, comment les exploitations familiales pourront-elles tenir ? Leur sélection ne cesse de se faire au profit des plus grandes. La ferme des 1 000 vaches, même si sa taille est exceptionnelle en France, représente une force d'attraction vers laquelle tend progressivement une partie du monde agricole européen, encouragé par les politiques qui l'encadrent.

Cette tendance fragilise la diversité des agricultures dans leurs territoires et le maintien des petites et moyennes exploitations, qui a pourtant été plébiscité par des milliers de citoyens lors d'une consultation publique en 2010, organisée par la Commission européenne. Sans oublier l'Année de l'agriculture familiale, lancée en 2014 par l'Assemblée générale des Nations unies et relayée en grande pompe par le ministère de l'Agriculture français.

1. V. Olivier-Salvagnac, B. Legagneux, « L'agriculture de firme : un fait émergent dans le contexte agricole français ? », dans « Les agricultures de firme. Organisations et financiarisation », *Études rurales*, n° 190, 2012.

Manifestement, l'agro-industrie n'est souhaitée ni par les citoyens, ni par les gouvernements...

La politique agricole commune : deux piliers et deux discours

Justement, à propos des gouvernements, quel rôle jouent-ils ? C'est la politique de l'Union européenne, dite « politique agricole commune » (PAC), qui constitue la principale forme de soutien et d'orientation des agricultures. Elle représente 40 % du budget européen, soit 50 milliards d'euros par an, ou encore 100 euros par habitant. Les aides ainsi versées aux agriculteurs français s'élèvent en moyenne, sur les dernières années, à la totalité de leur revenu, et encore davantage pour les céréaliers, les éleveurs laitiers ou de viande bovine : si vous supprimez ces aides, nos agriculteurs ne gagnent rien, voire produisent à perte. Depuis plus de cinquante ans, la PAC façonne les agricultures d'Europe et coûte de l'argent aux contribuables. Alors, à quoi sert-elle vraiment ?

Conçue en 1958, son premier objectif était d'assurer la sécurité alimentaire de la

Communauté économique européenne. Il fallait soutenir les prix agricoles à un niveau suffisamment attractif pour inciter les agriculteurs à produire, mais devant rester raisonnable pour les consommateurs. Ce soutien des prix passait par des achats – effectués par la Communauté – de produits agricoles à des prix minimums garantis et par la constitution de stocks importants. Mais, comme les prix des produits européens étaient supérieurs aux prix des produits étrangers importés, il a fallu les protéger : c'est pour cette raison qu'on instaura des droits de douane, d'autant plus élevés que les prix des marchés internationaux étaient bas.

Ce système sophistiqué se justifiait par l'idée que les prix des marchés internationaux ne pouvaient orienter la production européenne. Pourquoi ? Je ne vous ferai pas ici un exposé d'économie sur la faible élasticité de la demande alimentaire, sur les difficultés d'ajustement de la production agricole, ou encore sur les effets chaotiques des anticipations des producteurs en situation d'incertitude[1]. Disons simplement

1. Voir J.-M. Boussard, « Faut-il encore avoir des politiques agricoles ? », *Problèmes économiques*, n° 2519, 1997.

que la façon dont nous achetons nos aliments et la façon dont on les produit sont à mille lieues de ce qu'on appelle la « concurrence libre et parfaite », cet univers aseptisé qu'imaginent des économistes et où chacun réagit en fonction de prix miraculeusement fixés par la « main invisible » du marché. Ces prix sont égaux aux coûts de production marginaux, c'est-à-dire aux coûts de production de la dernière unité produite, nécessaire à la satisfaction de la demande. Dans ces modèles, les mécanismes du marché aboutissent au bien-être général maximal. Bref, comme dirait le Candide de Voltaire, « tout est pour le mieux dans le meilleur des mondes ».

Sauf qu'en réalité les prix des marchés agricoles internationaux subissent une instabilité chronique. Ils ne reflètent qu'une toute petite partie de la production mondiale, celle qui est exportée, et ne couvrent bien souvent pas les coûts de production. Manipulés par les acteurs des grands marchés d'exportation, entreprises multinationales, négociants de toutes sortes et marchés financiers, ils n'ont presque plus rien à voir avec l'état de l'offre et de la demande, et avec les besoins à satisfaire dans le monde.

La sécurité alimentaire et la survie des paysans sont bien trop importantes pour les laisser dépendre des prix internationaux. C'est ainsi que, depuis des siècles, les grandes puissances agricoles ont cherché à réguler ces prix. Roosevelt en fit une de ses premières mesures à la suite de la crise de 1929, et les six pays fondateurs de la Communauté économique européenne un pilier de la PAC et de la construction européenne.

Très vite, la PAC s'est révélée efficace. Grâce à la sécurité des prix, les investissements se sont développés dans l'agriculture, on a été capable de produire beaucoup plus par travailleur et par hectare, les prix agricoles et alimentaires ont baissé. Les actifs en surnombre sont venus grossir les rangs des travailleurs de l'industrie. Mais, dès les années 1970, le dispositif s'est grippé : l'économie mondiale a montré des signes de fatigue, la hausse de la demande et des échanges agricoles mondiaux a stagné à partir des années 1980. Des surproductions sont apparues pour les produits laitiers ou pour les céréales. Les excédents ont dû être « dégagés » sur un marché mondial déprimé, moyennant de coûteuses subventions à l'exportation, couvrant la différence entre les prix européens et internationaux. Simultanément, l'exode agricole s'est poursuivi, alors que l'emploi industriel se raréfiait. La chute du nombre d'agriculteurs nourrissait désormais le chômage. Enfin, le modèle agro-industriel, décrit dans les pages précédentes, s'est affirmé, détruisant davantage l'environnement. Le Royaume-Uni, qui a rejoint la CEE en 1973, a alors eu beau jeu de dénoncer les dépenses de la PAC : forte de ses convictions ultra-libérales, Margaret Thatcher a trouvé de plus en plus d'alliés pour exiger une réforme en profondeur de cette politique.

L'heure était dorénavant à la dérégulation afin de restaurer le libre jeu des marchés censé profiter à tous : les consommateurs et les contribuables des pays développés verraient ainsi les prix alimentaires et les impôts baisser. À partir de 1992, les outils fondateurs de la PAC, mis en place pour réguler les marchés, ont été progressivement démantelés. Les prix européens ont peu à peu été alignés sur les prix internationaux, et ce sont désormais ceux-là qui dictent les prix et le fonctionnement de tous les marchés, rompant avec plus d'un siècle de régulation. En compensation, les agriculteurs européens reçoivent des aides directes qui, à la suite de leur « découplage » en 2003, sont perçues par hectare avec un montant calculé selon les versements historiques. Montant qui dépend donc de la surface et qui reste identique quel que soit ce qu'on produit. Ces nouvelles « aides découplées » ont été inventées par les partisans du libre jeu des marchés afin qu'elles n'interfèrent pas avec les prix et les décisions des producteurs. Censées donc ne pas créer de « distorsion de marché », ces aides substantielles à l'hectare n'en sont pas moins des subventions en fonction du capital – la terre –, au lieu de soutenir l'emploi et les services environnementaux rendus par les agriculteurs.

Les prix européens étant « libérés » de la régulation publique, ils peuvent désormais fluctuer au gré des prix internationaux : en découlent une instabilité accrue des marchés, des variations de prix du lait, de la viande ou des céréales sans commune mesure avec ce qu'il en coûte de les produire. Et quand les prix sont au plus bas, nos agriculteurs ne peuvent subsister sans la perfusion d'aides très importantes. À l'inverse, quand les prix sont hauts, ces aides constituent des rentes indues versées à certains producteurs, puisqu'elles viennent s'ajouter à leurs bénéfices déjà élevés.

En 2012, les céréaliers et autres producteurs de grandes cultures ont touché en moyenne plus de 70 000 euros, voire 100 000 euros de revenus par exploitant en Île-de-France, dont la moitié environ d'aides publiques. De l'argent public qui a permis à un certain nombre d'investir dans de l'immobilier ou dans des terres en Europe de l'Est. En revanche, les éleveurs de moutons et de vaches à viande ont, en moyenne, péniblement touché 15 000 euros…

Les aides ne sont plafonnées ni par ferme ni par travailleur ; ainsi, 80 % des aides directes sont versées à 20 % des bénéficiaires. Selon les chiffres de la Commission européenne, le tiers des aides profite à 2 % des exploitations, qui reçoivent chacune plus de 50 000 euros par an. Ces bénéficiaires sont souvent les plus grandes exploitations, celles qui dégagent le plus fort chiffre d'affaires, les plus hauts rendements, mais qui, souvent, emploient le moins de personnel par hectare de surface cultivée. On peut montrer également que les aides versées aux exploitations sont d'autant plus élevées qu'elles présentent de mauvais indicateurs environnementaux[1] : plus on pollue,

1. A. Kirsch, J.-C. Kroll, A. Trouvé, « Répartition des aides directes de la PAC et impact environnemental des

plus on touche d'aides et *vice versa*. Non seulement la PAC ne favorise pas les agricultures les plus vertueuses du point de vue environnemental et social, mais elle les dessert. La régulation des marchés a ainsi laissé place à un système de soutien aux agriculteurs extrêmement inégalitaire, à hauteur de dizaines de milliards d'euros d'aides par an.

Si vous voulez savoir précisément qui touche quoi, il vous faudra aller sur le site internet Telepac : depuis peu, on peut connaître les montants perçus par les agriculteurs – avec l'obligation cependant qu'ils soient en société. « Fermes françaises SAS » détient le record de subventions de la PAC dans l'Hexagone : 767 499 euros en 2013. Difficile de savoir qui est derrière. Avec un peu de patience, on finit par comprendre que c'est une société par actions qui cultive du riz en Camargue et a son siège à Antibes. Elle est dirigée par un certain Troels Povlsen, une des plus grandes fortunes danoises, homme d'affaires aux multiples casquettes.

En tout, une centaine d'exploitations agricoles se voient donc dotées de plus de 500 000 euros

exploitations agricoles », communication au colloque INRA-SFER, 2014.

par an de subventions publiques. La plupart sont en Guadeloupe et en Martinique, et une quarantaine d'entre elles touchent chacune plus d'un million d'euros par an. C'est ainsi qu'à Capesterre-Belle-Eau, dans un paysage de carte postale, la société anonyme du Bois-Debout reçoit près de 5 millions d'euros d'aides publiques par an. Qui se cache derrière cette société ? Là encore, difficile de savoir. Quelques recherches sur internet indiquent cependant qu'il s'agit de riches propriétaires de l'île, qui détiennent d'autres entreprises, agricoles ou non. Ces très grandes plantations de bananes ou de canne à sucre qui bénéficient d'aides publiques substantielles sont pourtant montrées du doigt par de multiples organisations citoyennes et maints rapports d'expertise, et ce en raison notamment des quantités très importantes de pesticides et d'engrais déversées dans les réserves d'eau douce de ces îles.

Faut-il pour autant appeler à supprimer la PAC et toutes ses subventions, sans que rien d'autre vienne les remplacer ? Difficile d'aller dans ce sens, car les prix agricoles sont souvent tellement faibles que beaucoup de fermes ne pourraient y résister. Ainsi, Francis, le producteur de lait bio de l'Aveyron, touche avec ses deux autres associés environ 48 000 euros d'aides par an. Cette somme leur permet de dégager tout juste 1 500 euros de revenu net mensuel pour chacun.

Néanmoins, la PAC s'est progressivement dotée de mesures environnementales et sociales. Le développement rural a été vanté depuis 1999 comme le « deuxième pilier de la PAC » : aides aux exploitations dans les « zones défavorisées » de montagne, mesures agro-environnementales comme le soutien aux prairies, aides à l'installation des jeunes agriculteurs... Contrairement aux aides directes du premier pilier, cette politique du deuxième pilier soutient une agriculture plus respectueuse de l'environnement, plus pourvoyeuse d'emplois, plus favorable à la vitalité des zones rurales. Mais elle reste un petit pansement sur une plaie béante et n'arrive à contrecarrer ni les effets néfastes du premier pilier, ni ceux de la dérégulation des marchés agricoles. Elle ne dispose que du cinquième du budget de la PAC et doit être obligatoirement cofinancée par les États membres ou les régions européennes.

Deux piliers et deux discours. Maniant le paradoxe avec une maîtrise désormais consommée, la Commission européenne persiste à prôner une agriculture à la fois compétitive et durable, concurrentielle sur les marchés internationaux mais soucieuse en même temps de l'environnement, de la santé publique et de l'emploi. Comme si tout cela était compatible. Tandis qu'on accélère l'industrialisation de l'agriculture au nom de la compétitivité, on se propose, au nom du développement rural, d'en corriger à la marge les dégâts les plus criants. Coincée entre deux orientations contradictoires, l'Union européenne est en train de fabriquer, au mieux, des agricultures à plusieurs vitesses. Les unes sont destructrices d'emplois et de ressources naturelles : elles constituent ce que certains économistes[1] avaient appelé des « zones grises » d'agriculture compétitive sur les marchés internationaux de produits standard. Les autres, en circuits courts, avec signes de qualité ou en bio, se tournent vers une part infime de consommateurs, informés et conscients : elles occupent des « zones vertes » que peu de territoires ont la chance d'héberger.

1. L.-P. Mahé, F. Ortalo-Magné, *Politique agricole : un modèle européen*, Presses de Sciences Po, 2001.

Traire plus pour gagner moins[1]

Incapables de tirer les leçons de leurs échecs, les États membres poursuivent leurs orientations, et les dernières réformes ne laissent pas entrevoir une véritable inflexion dans la logique à l'œuvre depuis 1992. En témoigne la réforme de 2008, avec une nouvelle réduction du soutien des prix et la suppression des quotas laitiers. Ceux-ci avaient été instaurés en 1984 pour plafonner les volumes de production et faire face à la surproduction de lait. Des limites de volumes avaient été imposées aux États membres et aux exploitations, sous peine de sanctions dissuasives. Ainsi, les montagnes de stocks, sous forme de poudre de lait ou de beurre, se sont amoindries, les dépenses publiques ont été fortement réduites et les prix à la production sont restés stables et rémunérateurs. En France, les quotas ont freiné les effets « naturels » du marché : l'agrandissement des exploitations, leur spécialisation et la concentration de la production dans les régions les plus productives.

1. Voir M. Cassez, A. Trouvé, « Traire plus pour gagner moins », *Le Monde diplomatique*, avril 2010.

Conforté par ces effets bénéfiques sur le budget de la PAC, sur la stabilisation des marchés et sur l'aménagement du territoire, on aurait pu poursuivre ces quotas et en corriger les limites à la marge. C'était sans compter sur ce qui fait désormais foi : rien ne doit obstruer le libre fonctionnement des marchés, peu importent les conséquences. C'est ainsi que, dès 2003, il a été projeté de supprimer d'ici à 2015 ces quotas et, en même temps, d'organiser une dérégulation d'ensemble du secteur laitier, relativement protégé jusque-là. La Commission européenne a alors parlé d'un « atterrissage en douceur » pour les agriculteurs, ce qui s'apparentait en réalité à un atterrissage en douleur. Dorénavant, les prix fluctuent au même rythme que les prix internationaux. Les agriculteurs ne savent pas si, l'année suivante, ils pourront vendre leur litre de lait à 25 ou à 40 centimes d'euro et s'ils pourront tenir. Dès 2008, les prix du lait ont chuté en même temps que les coûts de production augmentaient. Les conséquences ont été brutales : des producteurs en faillite, désespérés et en colère, et une disparition accélérée des fermes.

Les réformes de la PAC ont emporté également ce qui protégeait les producteurs de lait des grandes entreprises de transformation et de distribution. Ce faisant, elles ignorent une réalité : nous ne vivons pas dans un univers de concurrence libre et parfaite, où chacun réagit en fonction de prix fixés par la « main invisible » du marché et pour la plus grande satisfaction de tous. Des rapports de force violents s'opèrent, entre gros et petits, entre bien organisés et mal organisés. Ainsi, en France, des dizaines de millions de consommateurs et des dizaines de milliers de producteurs se retrouvent face à six grands groupes (Lactalis, Sodiaal, Bongrain, Laïta, Danone, Bel) qui se partagent 90 % de la transformation du lait et cinq grands groupes (Carrefour, Leclerc, Intermarché, Super U, Auchan) qui dominent la grande et moyenne distribution et par lesquels transite l'essentiel des produits laitiers.

Les producteurs de lait n'ont souvent pas le choix pour livrer leur lait, une ou deux entreprises étant présentes près de chez eux. Sans protection, ils sont pieds et poings liés aux industries de transformation. La fixation de prix garantis minimums et la répartition géographique de la production par les quotas leur permettaient de résister au moins en partie à ces rapports de force inégaux. Leur démantèlement les confronte à la pression des prix exercée par la grande transformation et la grande distribution, qui ont réussi chacune à augmenter leurs marges ces dernières années, sur le dos des producteurs et des consommateurs. Si vous avez l'impression – justifiée – d'acheter toujours plus cher votre brique de lait, sachez que ce n'est pas le producteur qui en bénéficie.

La dérégulation des marchés permet aux industries de collecte de délaisser les exploitations agricoles qui ne les intéressent plus, parce qu'elles sont trop petites, trop isolées et donc trop chères à collecter. La suppression des quotas libère aujourd'hui la mise en concurrence entre pays et régions. La production peut aller se concentrer dans les régions les plus rentables, comme le grand ouest de la France, et plus encore aux Pays-Bas, en Allemagne ou au Danemark, où pourtant la pollution des eaux par les effluents d'élevage atteint déjà les limites légales. De leur côté, les régions délaissées, en particulier celles de montagne qui n'ont pas la chance d'avoir des signes de qualité, subissent déprise laitière, pertes d'emplois et de savoir-faire.

La nouvelle PAC vidée de son contenu

En juillet 2010, la Commission européenne rassemble des centaines de représentants du monde agricole lors d'une grande conférence sur l'avenir de la PAC et la future réforme. Des visions radicalement différentes s'opposent : celles de la profession agricole majoritaire, des syndicats de petits paysans, des ONG environnementales et de solidarité internationale, des grandes industries agro-alimentaires... Ou encore la vision du Royaume-Uni, pour un affaiblissement de la PAC et la fin de la régulation des marchés, celle des pays de l'Est qui espèrent récupérer autant d'aides à l'hectare qu'à l'Ouest, celle des pays du Sud qui comptent sur un maintien du budget de la politique agricole commune... L'ampleur des divergences fait craindre une PAC à la carte, avec autant de déclinaisons que d'États membres. Mais on entend clairement, au cours de cette conférence, des voix critiquer la dérégulation des marchés et la distribution actuelle des aides, et appeler à une agriculture plus écologique et plus sociale – donc à une autre PAC.

Dans la foulée de cette conférence, la réforme de la PAC, qui propose de nouvelles mesures jusqu'en 2020, a pu faire naître l'espoir d'une légère inflexion : la Commission européenne suggère quelques aménagements, certes à la marge, mais qui expriment la volonté de moins privilégier les agricultures industrielles et d'appuyer davantage des transformations environnementales et sociales. Il s'agit notamment d'égaliser les montants d'aides par hectare quelles que soient les exploitations, ou encore de conditionner 30 % des aides (ce qu'on appelle encore les « paiements verts ») à des pratiques bénéfiques au climat et à l'environnement : un maintien des prairies permanentes, un minimum de diversification des cultures, un minimum de surfaces en haies, arbres, jachères...

Qu'est-il advenu ? Le Parlement européen et surtout les États membres, *via* le Conseil des ministres, ont méthodiquement détricoté chacune de ces propositions. Même le plafonnement des aides à 300 000 euros, qui n'aurait concerné qu'une infime partie de très grandes exploitations, a été rejeté. Tout est renvoyé au bon vouloir des États membres, dont la plupart opteront certainement pour une poursuite des politiques en cours. Car, dans un espace de libre-échange, où presque plus rien ne freine les forces du marché et la mise en concurrence, il apparaît plus facile de miser sur une agriculture industrielle, baissant ses coûts de production au maximum, grâce à des contraintes minimales sur l'environnement et la rémunération du travail. Surtout quand le syndicat agricole majoritaire est dominé par cette idée et obsédé par le maintien des aides acquises par chaque agriculteur. En France, la Fédération nationale des syndicats d'exploitants agricoles (FNSEA) joue un rôle prépondérant depuis des dizaines d'années jusqu'au plus haut niveau de l'État.

Que représente la FNSEA ? Elle dispose d'un réseau particulièrement développé et qui va bien au-delà de ses propres antennes locales. En alliance avec les jeunes agriculteurs, elle se retrouve majoritaire dans presque tous les départements français pour diriger les chambres d'agriculture qui ont pour mission de représenter les intérêts de l'agriculture auprès des pouvoirs publics, ainsi que de conseiller et de former les agriculteurs, d'appuyer les filières... Par le biais des chambres d'agriculture, elle peut siéger aux conseils d'administration et peser dans les Safer, sociétés d'aménagement foncier et d'établissement rural, qui ont le pouvoir de préempter les terres agricoles et de les redistribuer.

Pendant longtemps, la FNSEA a été présidée par des éleveurs, laissant penser que les grandes cultures n'étaient pas seules défendues par le syndicat. Aujourd'hui, c'est un grand céréalier qui est à sa tête, propriétaire, avec son frère et ses deux cousins, de 500 hectares de grandes cultures (soit dix fois la taille moyenne d'une ferme française). En 2013, ils ont touché ensemble la somme de 154 345 euros de subventions publiques de la PAC. Une situation qui semble difficilement compatible avec la défense des intérêts des petites et moyennes exploitations.

Ce grand céréalier est un agriculteur hors norme. Il est président de Sofiprotéol, une multinationale de l'agro-industrie, leader de la production d'agrocarburants, avec 7 milliards de chiffre d'affaires. C'est donc un agrimanager qui tire une grande partie de ses revenus d'une multinationale agro-alimentaire. Comme Sofiprotéol est propriétaire du groupe Glon Sanders, leader des aliments composés pour animaux, il lui est difficile de plaider pour plus de pâturage et d'autonomie alimentaire dans les élevages ! Comme il est sans doute également compliqué pour lui de défendre les semences produites à la ferme et de s'opposer aux OGM, sachant que Sofiprotéol finance des entreprises de sélection et de production de semences ou encore Biogemma, qui développe des OGM.

Bien entendu, la FNSEA est traversée de positions différentes selon les productions et les départements représentés. Mais le choix de tel ou tel président pour porter la parole d'une organisation n'est jamais anodin et influe sur les positions défendues auprès du ministère de l'Agriculture. Celui-ci écoute beaucoup la FNSEA, quelle que soit la nature des gouvernements en place. La Fédération peut compter sur une haute administration attentive à ses attentes. Elle a donc pu peser sur les décisions qui ont été prises en France pour appliquer la dernière réforme de la PAC, malgré les bonnes volontés de départ affichées par le gouvernement Hollande. Soumis également à la pression des « perdants » potentiels, comme les céréaliers, ce gouvernement a réduit à néant beaucoup d'espoirs de changement. La redistribution des aides en faveur des petites et moyennes fermes sera plus faible que prévu. La plupart des agriculteurs pourront prétendre aux aides de la PAC sans aucune transformation de leurs pratiques agricoles.

Cette dernière réforme de la PAC, survenue en 2013, est donc une occasion manquée, malgré les tentatives d'un commissaire européen à l'Agriculture, Dacian Ciolos, qui semblait particulièrement sensible aux enjeux d'environnement et d'emploi. Plus encore, elle entérine une nouvelle baisse du budget, sur la demande insistante des pays les plus opposés à toute politique européenne ambitieuse, Royaume-Uni en tête. Elle accompagne l'évolution générale du budget européen, pour la première fois en baisse en 2014. Elle s'inscrit dans un contexte d'affaiblissement général de l'Europe politique, incapable, à vingt-huit, de répondre par des mesures appropriées aux enjeux économiques, sociaux et environnementaux du XXIe siècle.

Toujours persuadée des bienfaits du libre marché, l'Union européenne se retrouve à contre-courant d'autres grandes puissances, qui ont compris l'absurdité de la chose. Ainsi, les États-Unis ont su pour leur part, au niveau de leur politique agricole comme dans bien d'autres domaines, revenir à un minimum de régulation des marchés quand les besoins s'en sont fait sentir. Ironie de l'histoire : au moment même où l'Union européenne a relancé de façon convulsive une nouvelle dérégulation des marchés agricoles et le découplage de ses aides directes au début des années 2000, les États-Unis ont décidé de faire le contraire[1] : ils ont augmenté leur budget agricole, restauré des aides en fonction des revenus, des outils pour réguler leurs marchés et stabiliser leurs prix et leurs débouchés, ils ont renforcé des protections aux frontières... Ils ont également accru leur aide alimentaire, qui permet de distribuer à des dizaines de millions d'Américains des bons d'alimentation gratuite.

Est-ce pour autant un appel à imiter exactement les États-Unis et leur politique agricole et alimentaire ? Non, bien sûr. L'inégalité des aides qu'ils distribuent à leurs agriculteurs, leur soutien sans commune mesure aux agrocarburants, l'absence de frein effectif à la restructuration agricole... sont autant de critiques qui peuvent leur être adressées. Davantage d'intervention publique et de régulation des marchés n'implique pas obligatoire-

1. Voir à ce propos les travaux de S. Devienne, par exemple, « Évolution de la politique agricole des États-Unis et conséquences sur les systèmes de production en grande culture », dans *Agricultures et paysanneries du monde*, Éditions Quae, 2010.

ment progrès social et écologique. L'État n'est pas toujours au service des intérêts du plus grand nombre, toujours est-il qu'une intervention publique forte et démocratique reste une condition nécessaire pour relever les défis à venir pour l'agriculture et l'alimentation.

Quand l'agriculture industrielle se prend le mur

Durant les soixante dernières années, le développement agricole a remplacé des paysans par des machines, de l'énergie et des pesticides, des engrais, des produits vétérinaires... Or, depuis les années 1970, les dérèglements écologiques s'accélèrent et le chômage explose. On marche littéralement sur la tête : on ponctionne toujours plus les ressources naturelles et fossiles qu'il faudrait épargner, et on néglige l'emploi qu'il faudrait développer.

Les carburants fossiles, que l'agriculture utilise sans frein, émettent des gaz à effet de serre et sont de plus en plus coûteux à extraire des sols. L'agriculture industrielle détériore la biodiversité, en détruisant des habitats naturels. Elle pollue les eaux et les sols, en y déversant de grandes quantités d'engrais et de pesticides. Elle s'est pliée aux exigences des processus industriels et a standardisé, homogénéisé ses produits, réduisant d'autant le nombre d'espèces et de variétés utilisées et la biodiversité cultivée.

Pourtant, un enjeu écologique surplombe les autres, car il concerne des millions de vies humaines, à terme menacées : le climat. L'année 2014 a été l'année la plus chaude en France depuis 1900. Le Groupe d'experts intergouvernemental sur l'évolution du climat (GIEC), qui rassemble des centaines d'experts sur le climat, pense qu'il ne faudrait pas dépasser une augmentation de la température de 2 % (par rapport à l'ère pré-industrielle) pour que l'humanité puisse s'adapter au réchauffement climatique. Cela impliquerait une réduction de 70 % des émissions de gaz à effet de serre d'ici à 2050 – par rapport au niveau de 2010[1]. Selon une étude de l'Agence internationale de l'énergie, les deux tiers des réserves prouvées de combustibles fossiles doivent rester dans le sol. Soit une véritable révolution dans nos façons de produire et de consommer, en particulier dans les pays les plus riches. La

1. Voir à ce propos le 5e rapport du GIEC (2014).

cruauté du phénomène veut que les pays les plus pauvres soient touchés en premier lieu par ces dégâts climatiques, alors que ce sont les pays riches qui les ont en grande partie provoqués.

L'agriculture a une responsabilité dans le changement climatique. Elle est, selon le GIEC, responsable de 10 à 15 % des émissions de gaz à effet de serre dans le monde. Elle est la principale source d'émission de méthane et d'oxyde nitreux, deux gaz à effet de serre qui ont un bien plus grand impact de réchauffement que le dioxyde de carbone. En effet, elle émet ces gaz directement, l'oxyde nitreux par les engrais, le méthane par les ruminants. Sans compter les émissions indirectes par l'utilisation de machines et de transport ainsi que par la déforestation.

Mais l'agriculture est également victime du désastre climatique : dans les régions subtropicales, elle est de plus en plus affectée par l'expansion des zones arides et un déplacement vers les pôles des zones productives. Elle pâtit des accidents climatiques, de la raréfaction des ressources en eau et du relèvement du niveau des mers qui risque d'engloutir des territoires côtiers très fertiles. Si certaines régions agricoles parmi les plus septentrionales pourront peut-être bénéficier d'une hausse de rendement, le GIEC est formel : dans de nombreuses autres parties du globe, là où les populations souffrent le plus de la faim, les productions agricoles seront durement touchées, ce qui provoquera de graves crises alimentaires, sources potentielles de conflits et de vagues de migrations. Les agriculteurs européens, en particulier au Sud, seront également affectées. Beaucoup observent déjà les impacts du changement climatique dans leur travail de tous les jours : plantations et récoltes avancées, apparition de nouveaux « ravageurs » dans les cultures...

En décembre 2015, Paris accueillera la « COP 21 », la 21e conférence des Nations unies sur les changements climatiques, censée accoucher d'un nouvel accord international sur le climat, applicable après 2020 à tous les pays. Selon le ministère français des Affaires étrangères, « sa préparation est bien engagée » ; or, d'après les ONG environnementales, c'est très mal parti, vu le manque de volonté constaté chez les principaux pays émetteurs de gaz à effet de serre de changer leur façon de produire et d'appliquer de quelconques contraintes, y compris dans le domaine agricole et alimentaire.

Répondre à tous ces enjeux environnementaux, ce n'est ni adopter un modèle de développement utopique ou issu du passé, ni abandonner l'ambition de nourrir les êtres humains et de faire vivre un tissu économique. Bien au contraire, le but est de faire face à tous les visages de la modernité. Récemment, des événements ont montré à quel point bifurquer vers cette nouvelle vision du progrès se révélait indispensable. Les manifestations bretonnes contre l'écotaxe, menées entre autres par le syndicalisme agricole majoritaire, ont prouvé l'impasse dans laquelle se trouve aujourd'hui l'agrobusiness breton, alors même que l'agriculture et l'agroalimentaire y représentent un tiers des emplois.

Les opposants à l'écotaxe ont d'abord semé la confusion. Quand Leclerc a fermé ses magasins en solidarité avec les agriculteurs et les industries agro-alimentaires bretonnes, il ne fallait pas oublier que les grandes surfaces étaient les premières à les maltraiter en pressurant les prix pour montrer « qui est le moins cher » tout en gonflant ses marges. Quand les Bonnets rouges ont scandé avec la FNSEA

« Vivre, décider, travailler en Bretagne », il ne fallait pas non plus oublier que le modèle soutenu par le syndicat agricole majoritaire avait supprimé des emplois et dégradé le cadre de vie, remplissant de nitrates les nappes phréatiques et d'algues vertes les plages bretonnes. La FNSEA a appelé à manifester avec les Bonnets rouges pour poursuivre un modèle dangereux d'agro-exportation.

La Bretagne est en effet une championne de la production agricole. Pourtant, elle dégage des marges réduites. Numéro un des productions animales, elle n'a mis en place aucune appellation d'origine protégée dans le secteur et se trouve prise dans la spirale infernale d'un élevage industriel à hauts rendements, mais de plus en plus coûteux en énergies fossiles et en alimentation animale concentrée – notamment du soja qu'elle importe d'Amérique et qui transite par ses ports. Des agriculteurs vendent ensuite, le plus souvent à faibles prix, leurs porcs, leurs volailles, leur lait à de grandes entreprises industrielles.

Quant à ces industries, elles jouent sur des marchés de produits standard, ne pouvant faire face à la concurrence internationale que par des prix et des coûts salariaux toujours plus faibles. Ainsi, les abattoirs Gad, qui licenciaient en France près de 900 salariés, embauchaient au même moment des salariés des pays de l'Est à Josselin, dans le Morbihan, par le biais d'agences d'intérim étrangères usant d'un droit du travail bien plus avantageux. De même, leurs volailles congelées ne pouvaient plus être exportées qu'à coups de dumping, de fortes subventions à l'export sur le dos du contribuable. Les sociétés Doux et Tilly-Sabco, touchaient ainsi chacune plusieurs dizaines de millions d'euros par an. Ces subventions sont aujourd'hui supprimées et ces usines d'export ne peuvent plus faire face à la concurrence. Du coup, l'entreprise Doux a dû licencier en 2012 près de 900 salariés. Quant à Tilly-Sabco, elle vient de mettre 335 personnes au chômage technique.

Par ailleurs, la directive européenne sur les nitrates impose depuis 1991 des pratiques agricoles particulières dans des zones vulnérables qui dépassent un certain taux de nitrates dans les eaux (soit une grande partie du quart nord-ouest de la France). Elle ne laisse pas d'autre choix que de restreindre la production dans beaucoup de territoires bretons. La France vient ainsi d'être à nouveau condamnée par la Cour de justice de l'Union européenne, car la Commission estime que, « dans une très grande partie, la France n'a pas correctement transposé la directive nitrates, si bien qu'il y a un risque de pollution des eaux par l'azote ». La FNSEA se bat contre cette directive, qu'elle qualifie de « monstre administratif », et des centaines d'agriculteurs bretons sont venus manifester contre elle lors du dernier Salon de l'élevage. Ils ont été écoutés : plutôt que de donner les moyens à l'agriculture française de répondre au défi écologique, Manuel Valls vient de proposer de renégocier la directive.

Subventions à l'export supprimées, directive sur les nitrates renforcée : on savait pourtant depuis longtemps qu'il en serait ainsi, mais la course aux profits immédiats a pris le pas sur des stratégies de long terme. Faute d'avoir su ou pu négocier le virage, une bonne partie de l'agro-industrie bretonne se prend le mur en pleine face. Pensant profiter de l'augmentation de la consommation mondiale, elle a même activement contribué à sa perte, en plaidant au sein de la FNSEA et dans diverses structures de lobbying pour une dérégulation des marchés, et notamment pour la fin des quotas laitiers. L'agro-industrie bretonne caressait en effet l'espoir de récupérer la production laitière d'autres régions sinistrées en accroissant ainsi sa production et ses exports. Cela sans voir que les marchés internationaux sont très instables et que le moindre événement, comme l'embargo russe et le blocage de leurs exportations, pouvait remettre en cause cette stratégie. Et sans voir non plus que la concurrence des autres pays est féroce et qu'il n'est pas du tout certain que la demande chinoise viendra absorber leurs surplus.

L'agro-industrie bretonne poursuit donc une logique aléatoire d'exportation de produits standard, tandis que ses propres entreprises s'approvisionnent ailleurs. Pendant que Tilly-Sabco meurt faute de débouchés pour ses volailles, des industries agro-alimentaires bretonnes s'approvisionnent en poulets brésiliens, à l'image de Vatedis, filiale de Gastronome-Terrena, qui fabrique des nuggets. Et la France continue à importer près de la moitié de ses poulets. Pendant que les éleveurs porcins de Bretagne subissent de plein fouet l'embargo russe (75 000 tonnes étaient exportées chaque année[1]), on trouve du porc d'Espagne dans les étals des hypermarchés bretons...

---

1. http://www.paysan-breton.fr/article/15436/effet-domino-redoute-sur-l%92agroalimentaire-breton.html.

Il ne s'agit pas de fustiger plus que de raison l'agriculture bretonne : derrière la bataille contre l'écotaxe et le mouvement des Bonnets rouges se cache un modèle à bout de souffle qui se développe dans bien d'autres régions européennes. Loin de suivre cette pente, et même en Bretagne, d'autres entreprises agroalimentaires ont su diversifier leur production, miser sur la qualité, la valeur ajoutée et les circuits de proximité. Les éleveurs du CEDAPA[1] ont su créer de l'emploi et réussir avec des pratiques plus respectueuses de l'environnement. Ils ont mis en avant le maintien des prairies et les complémentarités entre cultures et élevages, qui disparaissaient ces dernières dizaines d'années. Depuis plus de trente ans, leur combat fait honneur à l'agriculture bretonne. Avec eux, on peut « polluer moins pour gagner plus ».

Pour réaliser un tel changement de modèle de développement, encore faudrait-il des programmes politiques qui l'accompagnent. Programmes politiques que l'Union européenne et les gouvernements nationaux successifs, y compris l'actuel, ne proposent pas, alors que s'accélère la mainmise des marchés.

---

1. Centre d'étude pour un développement agricole plus autonome.

Chapitre 2

LES GRANDS INVESTISSEURS S'EN VONT AUX CHAMPS[1]

La transformation des produits agricoles ne cesse de se concentrer dans quelques grandes entreprises. Un exemple concret ? Celui d'une petite structure de fromage en Bourgogne, celle de l'époisses, appellation d'origine protégée bien connue des amateurs de fromages forts. En quelques années, les trois PME locales qui transformaient ce fromage, Germain, puis Berthault et Gaugry, chacune avec quelques dizaines de salariés, sont passées aux mains d'entreprises plus impor-

1. En référence à A. Pellegris, « Le capital s'en va aux champs », *Contretemps*, 2014.

tantes. Berthault, entreprise familiale, est ainsi venue « enrichir le portefeuille de fromages » de Bongrain, société anonyme cotée en Bourse, forte de 4 milliards de chiffre d'affaires, dont les deux tiers à l'étranger.

De la production à la distribution, des semences aux terres cultivées

Les entreprises agro-alimentaires se concentrent ; les PME disparaissent au profit des plus grandes, jusqu'à ce qu'il n'en reste plus que quelques-unes qui contrôlent l'essentiel du marché. C'est ainsi que Bigard a mis la main sur la moitié de la transformation de la viande en France et que, dans le monde, quelques multinationales contrôlent la plupart des échanges mondiaux : pour les bananes, Chiquita, Dole et Del Monte ; pour le sucre, Tate and Lyle, Cargill et Louis Dreyfus ; pour les céréales, ADM, Barry-Callebaut et, à nouveau, Cargill et Louis Dreyfus (les fameux « ABCD »)... Ces multinationales ont écrasé leurs « adversaires », en finissant par les absorber ou les asphyxier.

Non contentes de contrôler la transformation et le négoce, ces multinationales accaparent également peu à peu la production agricole. Deux grandes ONG, Cetim et Grain[1], estiment ainsi que plus de la moitié de la production mondiale de porcs et deux tiers de celle de volailles et d'œufs sont désormais assurés par des exploitations qui appartiennent aux grandes entreprises de transformation de la viande, ou en contrat très contraignant avec elles. Une partie de plus en plus importante de la viande dans le monde est produite directement par des *Global Players*, des multinationales qui détiennent une grande part de la transformation et du négoce international. Ils sont états-uniens (Tyson Foods, Cargill, Smithfield Foods – récemment passé aux mains d'investisseurs chinois...), ou encore brésiliens (JBS, Brasil Foods, Marfrig...)[2]. Cette tendance concerne bien d'autres produits agricoles : le café, le cacao, les fruits et légumes...

À leurs côtés, quelques autres multinationales se sont approprié le maillon suivant de la

1. Cetim-Grain, « Hold-up sur l'alimentation : comment les sociétés transnationales contrôlent l'alimentation du monde, font main basse sur les terres et détraquent le climat », Genève, 2012.

2. FranceAgriMer, « Les *Global Players* dans les filières viandes », 2014.

chaîne alimentaire, la distribution : Wal-Mart, Carrefour, Ahold, Kroger ou encore Metro. En France, vous les connaissez : Carrefour, Leclerc, Casino, Intermarché, Auchan et Système U. Ces deux derniers viennent de rassembler leurs centrales d'achat. Tous ces géants de la distribution ne cessent de grossir et d'absorber leurs concurrents.

Notons que cette mainmise des multinationales s'accompagne d'une complexification des circuits de distribution de nos produits alimentaires. Complexité mise en lumière par un cas récent qui a fait grand bruit : la filière du « minerai de viande ». Ce mélange de muscles et de graisse provient de la découpe des carcasses et du désossage. Vous pourrez le trouver dans vos viandes hachées ou vos plats cuisinés. Il fut à l'origine du fameux scandale de la viande de cheval en 2013.

Au départ, une viande de cheval, étiquetée comme telle, sort d'abattoirs roumains. Puis une société néerlandaise, détenue par une société offshore, Hermes Guardian Ltd, l'achète et la revend à Spanghero. Lequel commet la fraude et revend la viande devenue bœuf à un autre client, Comigel, qui revend lui-même à Findus. Vous suivez toujours ?

D'autres circuits élaborés du même type ont été découverts. Les cas de fraude à la viande de cheval se sont multipliés ces dernières années, en Irlande, au Royaume-Uni, en Autriche. Les consommateurs rechignent de plus en plus à manger des chevaux, mais il reste beaucoup plus rentable de les transformer en viande que de les incinérer. Quelques entreprises profitent d'une filière de viande bovine complexifiée, avec des intermédiaires à n'en plus finir et une forte hausse des échanges entre pays européens[1], dans laquelle la traçabilité des produits devient compliquée et multiplie les risques de fraude.

Mais revenons aux multinationales. Elles ont déjà mis la main sur l'essentiel de la transformation, de la distribution et du négoce. Il en est de même de la fourniture en pesticides et engrais, et, comme on l'a vu, de la production agricole. Elles détiennent un pouvoir déterminant sur la qualité des aliments, leurs échanges, leurs prix, les façons de les produire et de les consommer. Elles accapa-

1. En une décennie, hausse de 50 % des échanges entre pays européens de viande fraîche et congelée. Données FranceAgrimer 2012.

rent toujours davantage une grande partie de la valeur créée, pour nourrir les profits des actionnaires. Elles tissent une toile complexe d'intermédiaires et de sous-traitants, rendant beaucoup plus opaques les filières, du champ à l'assiette. Pourtant, ça ne leur suffit pas. Il leur faut trouver de nouvelles sources de profit, entre autres contrôler un maillon essentiel de la chaîne alimentaire : les semences et, avec elles, le travail de sélection et d'amélioration des plantes.

Il fallait pour cela que les multinationales privatisent pour leur propre compte et utilisent le travail de sélection des espèces et des variétés que les agriculteurs ont réalisé pendant des milliers d'années. Il leur fallait obliger les paysans à ne plus conserver et échanger entre eux leurs semences et à se tourner vers les firmes transnationales de l'agrochimie et du génie génétique : cela a été permis par les législations française et européenne, qui rendent très difficiles l'utilisation de leurs propres semences, leur échange et leur vente à d'autres producteurs. Il leur fallait pouvoir accaparer toute « innovation », y compris quand celle-ci s'appuyait sur des savoirs paysans : cela a été permis depuis les années 1980 par le brevetage du vivant, qui rend les multinationales propriétaires de ces innovations et de toute semence appartenant à la variété en question. Il leur fallait contraindre les paysans à racheter chaque année les semences privatisées : cela a été permis grâce aux semences hybrides[1] ! Enfin, il leur fallut accélérer ces processus grâce à une nouvelle technologie : les OGM, vendus à 90 % par Monsanto.

Au-delà de la mainmise de quelques multinationales sur un acte primordial pour la vie, celui de semer, l'industrialisation des semences concentre la production sur quelques variétés standard et appauvrit considérablement la biodiversité cultivée. Au-delà de risques non maîtrisés sur l'environnement et la santé humaine, les OGM, pour la plupart cultivés pour leur résistance aux herbicides, ont pour fonction essentielle d'augmenter les intrants chimiques. Une nouvelle fois, les agriculteurs sont forcés d'acheter aux multinationales, dont Monsanto, des produits dont ils pourraient se

1. C. Bonneuil, F. Thomas, *Gènes, pouvoirs et profits. Recherche publique et régimes de production des savoirs de Mendel aux OGM*, Éditions Quae, 2009.

passer[1]. C'est une mise sous tutelle financière des communautés paysannes et un désastre supplémentaire pour la nature.

La recherche éperdue de profits a donné lieu à une nouvelle offensive des grands investisseurs. Un autre maillon essentiel de la chaîne alimentaire devient leur propriété : les terres. Certes, dans l'histoire, les paysans en ont souvent été privés. Mais la situation prend un nouveau tournant, avec l'accaparement des terres à très grande échelle depuis quelques années. C'est d'abord le fait de fonds souverains appartenant à des pays qui bénéficient de liquidités monétaires importantes, comme l'Arabie Saoudite. Ces pays achètent des surfaces immenses à l'étranger pour faire fructifier leur argent, ou encore pour sécuriser leur approvisionnement alimentaire ou énergétique par la culture d'agrocarburants. Mais il s'agit aussi de grands entrepreneurs et de fonds financiers qui profitent de la hausse des prix alimentaires et de la demande en agrocarburants pour investir dans les terres. Les rendements financiers, véritable objectif de

1. M.-M. Robin, *Le Monde selon Monsanto*, La Découverte, 2009.

cet accaparement des terres, peuvent alors facilement atteindre de 10 à 20 %[1].

Olivier De Schutter, rapporteur des Nations unies pour le droit à l'alimentation, estime qu'en trois ans seulement, de 2006 à 2009, de 15 à 20 millions d'hectares ont ainsi été accaparés, soit presque la surface agricole de la France. Les pays touchés sont avant tout pauvres ou émergents, en Afrique sub-saharienne, mais aussi en Asie, en Amérique latine et en Europe de l'Est. Leurs gouvernements recherchent de l'argent frais et se rendent ainsi complices de cette nouvelle occupation des terres. Même la Banque mondiale a dû reconnaître en avril 2013, après une forte mobilisation des ONG et organisations paysannes, que, face à cet accaparement des terres, « on voit trop de spéculateurs et d'investisseurs sans scrupules profiter des petits paysans, des petits éleveurs et d'autres groupes qui n'ont pas les moyens pour faire valoir leurs droits ».

1. H. Cochet, M. Merlet, « Land grabbing and share of the added value in agricultural processes. A new look at the distribution of land revenues », International Academic Conference, *Global Land Grabbing*, 6-8 avril 2011, Brighton, Royaume-Uni.

En effet, que se passe-t-il quand les grands investisseurs mettent la main sur ces terres ? Pour maximiser les rendements financiers, il faut que les loyers, les impôts fonciers versés et la redistribution des gains vers l'État et la population locale soient le plus faibles possible. Les habitants y gagnent donc peu. Mais, surtout, cet accaparement est une lourde menace pour leur sécurité alimentaire : les productions sont essentiellement dirigées vers les exportations et non vers les populations locales. Les paysans sont souvent chassés de leurs terres ancestrales, car ils ne disposent que de titres de propriété informels. Or, la terre est sacrée pour ces nombreux peuples du Sud et, quand celle-ci est vendue à des investisseurs étrangers, c'est un patrimoine anéanti. Enfin, en cas de résistance, les nouveaux propriétaires ou les États n'hésitent pas à utiliser la force. C'est le cas de la Colombie, où l'éviction de paysans s'appuie sur la violence des guérilleros et des paramilitaires.

Les paysans chassés sont alors obligés de travailler dans ces méga-exploitations dans des conditions généralement très dures, sans droits sociaux et pour des salaires de misère. Quant à ceux qui réussissent à sauvegarder quelques lopins de terre, ils risquent de subir le détournement des eaux souterraines, leur pollution et celle des sols : les terres accaparées servent à des productions agro-industrielles vouées au rendement maximum en un temps record. En monoculture, elles peuvent s'étendre sur des milliers d'hectares ; elles condamnent alors les ressources naturelles et la biodiversité.

La grande offensive de la finance : du blé à la tonne de carbone

Les semences et les terres sont des exemples parmi d'autres de ressources accaparées à une vitesse folle par les grands investisseurs. Cet accaparement s'accompagne d'une financiarisation qui, elle aussi, a pris un envol rapide depuis quelques années. Toute entreprise, toute ressource de la nature, tout État, tout individu ou tout événement sur terre peuvent se trouver aujourd'hui adossés à des actifs financiers, prompts à engendrer des bénéfices. Tout ou presque peut être monétisé et devenir objet de spéculation, à la hausse comme à la baisse, qu'elles qu'en puissent être les conséquences sur les êtres humains et la planète. Et, pour grignoter encore un peu plus la valeur créée par la production et le commerce de produits alimentaires, l'imagination des investisseurs n'a aucune limite. Ils ont trouvé une autre source de profit : ils spéculent sur le niveau des prix alimentaires.

Juin 2011. Des paysans investissent un bâtiment très chic du 1er arrondissement parisien. C'est le siège d'Euronext, principale bourse européenne et leader des marchés dérivés – mais loin derrière le Chicago Board of Trade, son homologue américaine, qui est aussi la plus ancienne bourse de commerce au monde. Sur ces marchés s'achètent et se vendent des produits financiers liés à des « actifs sous-jacents », par exemple du blé ou du pétrole. Ces produits financiers sont des engagements à acheter ou à vendre l'actif en question, sans jamais d'obligation de le livrer et donc de le posséder. Cette spéculation s'est développée ces derniers temps à un rythme vertigineux, avec des conséquences dramatiques sur les prix alimentaires. Elle s'est adossée à des marchés qui n'ont pas toujours été aussi spéculatifs qu'aujourd'hui : les contrats à terme.

Ceux-ci existent depuis le XIXe siècle. Ils permettent à des acheteurs et vendeurs de produits agricoles « physiques » (agriculteurs, coopératives agricoles et industries agro-alimentaires, négociants...) de convenir à l'avance d'un prix, pour des livraisons survenant plusieurs mois après. Ils sont des engagements à vendre telle quantité (de blé, par exemple) à telle échéance, plusieurs mois après, dans tel lieu et avec telle qualité (par exemple, 50 tonnes de blé en septembre prochain à Hanovre). Le vendeur de contrat, par exemple une coopérative de producteurs de blé qui s'engage en amont à fournir à tel prix cette production, s'assure contre une baisse du prix du blé[1]. À l'inverse, l'acheteur du contrat se protège contre une hausse des prix.

Selon les défenseurs des marchés à terme, il s'agit pour les vendeurs comme pour les acheteurs de produits « physiques » de couvrir un vrai risque commercial. Certes, il y a aussi de « purs spéculateurs », qui ne sont là que pour échanger des titres financiers et non

1. Notons qu'un vendeur de contrat (notre gros producteur de blé, par exemple) qui a pris un engagement dès le mois d'avril peut très bien ne jamais honorer celui-ci (par exemple, livrer 50 tonnes de blé en septembre prochain à Hanovre) : après sa récolte, dès le mois d'août, il peut racheter le contrat et ainsi se défaire de son engagement tout en vendant réellement son blé sur le marché physique. Il se sera néanmoins assuré un prix dès le mois d'avril en s'engageant sur le marché à terme.

des produits agricoles réels. Mais ils servent à apporter ce qu'on appelle de la « liquidité » aux marchés, c'est-à-dire un nombre suffisant de vendeurs et d'acheteurs pour que les transactions se réalisent. Ainsi, un « pur spéculateur » peut acheter, puis revendre un contrat sans jamais disposer d'une marchandise, pariant sur la hausse de prix de ce contrat. Les « purs spéculateurs » étaient auparavant moins nombreux : cette spéculation financière restait limitée et sévèrement réglementée, depuis les leçons de la crise de 1929 et les lois du *Commodity Exchange Act* de Roosevelt. Mais, même dans cette configuration, ces marchés à terme représentaient suffisamment de limites pour qu'en France ils aient été interdits en 1936. On considérait alors qu'ils étaient incompatibles avec une politique de stabilisation des prix agricoles. Ils n'ont été autorisés à nouveau qu'en 1993, en pleine période de dérégulation des marchés agricoles et financiers.

Or, les années 2000 ont vu débouler des investisseurs à la recherche éperdue de valeurs refuges, après l'effondrement de la bulle internet, puis de l'immobilier et des *subprimes*. La dérégulation des marchés à terme, avec en particulier le *US Commodity Futures Modernization Act*, signé par le président Bill Clinton en décembre 2000, a grandement facilité l'arrivée des fonds de pension, compagnies d'assurances-vie, fonds indexés et autres joyeux produits de la finance. La part de ces « purs spéculateurs », qui font uniquement des paris sur les fluctuations de prix, a explosé. En 1998, elle représentait moins d'un quart des opérations sur les marchés à terme. Dix ans plus tard, on estime qu'elle en constituait au moins les trois quarts. En 2011, selon la banque Barclays, 200 milliards de dollars étaient investis de cette façon, soit quarante fois plus qu'au début des années 2000.

Les « purs spéculateurs » considèrent leurs actifs financiers comme un moyen de rentabiliser au maximum leurs portefeuilles. Leur comportement n'a donc plus rien à voir avec une quelconque réalité de l'offre et de la demande à venir de produits agricoles, ni les prix des contrats avec la réalité des marchés de blé, de maïs ou de porc. Et, comme sur bien d'autres marchés financiers, des bulles et des krachs spéculatifs peuvent survenir ; la moindre variation de production de céréales est désormais la proie de paris financiers massifs qui peuvent engendrer des flambées ou des chutes vertigineuses de prix sans commune mesure avec la réalité des besoins humains.

Les « purs spéculateurs » font ainsi des marchés à terme de véritables champs de bataille financiers – et meurtriers, au sens propre du terme, quand ils contribuent en fin de course à une explosion de la faim dans le monde. De plus en plus d'experts et d'institutions internationales reconnaissent en effet que cette spéculation a des répercussions sur les marchés de produits physiques : blé, maïs, porc ou autres « actifs sous-jacents ». La publication du témoignage d'un gestionnaire de fonds d'investissement[1] a mis le feu aux poudres, à propos de la responsabilité des investisseurs dans la flambée des prix alimentaires de 2007 et 2008, laquelle a engendré les révoltes de la faim : une corrélation significative entre positions d'achat sur les contrats à terme et hausses des prix des matières premières est démontrée. Le constat est même fait par la

1. M.W. Masters, A.K. White, « The Accidental Hunt Brothers. How Institutional Investors Are Driving Up Food and Energy Prices », Special Report, http://www.loe.org/images/080919/Act1.pdf, 31 juillet 2008.

Commission européenne, qui admet du bout des lèvres dans un rapport de février 2011[1] qu'il existe « une corrélation forte entre les positions prises sur les marchés dérivés et les prix des matières premières elles-mêmes ».

Les banques françaises alimentent considérablement la spéculation financière sur les marchés à terme agricoles. En 2013, elles possédaient au moins dix-huit fonds spéculant pour une valeur de près de 2,6 milliards d'euros. BNP Paribas en détient la moitié à elle seule, puis viennent la Société générale, Natixis (filiale de la Banque populaire Caisses d'épargne) et le Crédit agricole. Ces fonds, qui se nourrissent de la volatilité des prix, ont été créés pour la plupart après la crise de 2008[2].

Beaucoup d'ONG – comme Oxfam – font pression pour interdire ces spéculations meurtrières. Récemment, elles ont réussi à faire renoncer plusieurs banques allemandes, françaises, britanniques et autrichiennes. BNP

1. Source : http://ec.europa.eu/enterprise/policies/raw-materials/files/docs/communication_en.pdf.
2. Voir le rapport d'Oxfam, « Réforme bancaire : ces banques françaises qui spéculent sur la faim », 2013.

Paribas et le Crédit agricole ont ainsi suspendu des fonds de ce type s'élevant à plusieurs centaines de millions de dollars. Mais, en France, la réforme bancaire de 2013, qui devait s'attaquer à cette finance destructrice, n'empêchera malheureusement pas les banques de poursuivre la fabrication et la vente de ces produits à leurs clients. Du fait d'une astuce technique, il n'y a même pas de garantie que leurs activités spéculatives soient séparées des activités classiques de dépôt et de crédit : ces spéculations meurtrières pourront donc continuer à bénéficier du soutien des dépôts de leur aimable clientèle, c'est-à-dire l'argent que nous déposons sur les comptes courants de notre banque.

Soja, blé, maïs, colza, cacao, café, sucre, porc... autant de produits agricoles qui font l'objet de spéculations. Or, les investisseurs financiers ne se sont pas arrêtés là. Dans leur recherche de nouveaux profits, ils ont trouvé d'autres terrains, comme le climat. Les fameux marchés carbone, ou marchés de permis d'émission de gaz à effet de serre : chaque pays européen a reçu une certaine quantité de droits à émettre ces gaz, puis a attribué ces droits gratuitement à des entreprises industrielles de l'énergie et des transports aériens en fonction de leurs émissions passées. Ces droits acquis gratuitement peuvent être achetés ou vendus : si une entreprise souhaite polluer davantage, il lui suffit d'en acheter plus. C'est donc le marché, et lui seul, qui fixe la répartition de la pollution dans le monde. Les pays riches, en particulier en Europe, misent sur ces marchés carbone pour répondre à l'urgence climatique. Mais, sur le marché européen, les droits à polluer ont été si généreusement offerts que le prix de la tonne carbone s'est effondré, jusqu'à atteindre une valeur quasi nulle. Il n'y a donc pas ou peu d'incitation à réduire la pollution et à investir dans des technologies plus durables. Devant tant d'inefficacité, la commissaire européenne en charge de l'action pour le climat a même appelé à sauver le marché carbone. De très nombreuses organisations environnementales demandent tout bonnement à le supprimer et à appliquer des taxes et des réglementations publiques beaucoup plus contraignantes.

En attendant, certaines entreprises ont pu réaliser des profits conséquents sans grand effort en revendant ces permis à polluer, attribués gratuitement. Les prix de la tonne de carbone émise sont devenus la proie de spéculations financières, et des bulles et krachs qui les accompagnent. Le patron de Bluenext, une des principales bourses d'échange du carbone, annonçait ainsi : « La bourse d'échange du carbone va se financiariser. Banques et fonds carbone vont y jouer un rôle croissant. Le CO_2 va devenir un actif comme un autre. »

L'alimentation et le climat sont donc déjà passés sous la coupe de la finance. Mais il reste encore beaucoup de terrains à conquérir. Petit à petit, la nature tout entière peut se voir attribuer un prix, disséquée en services marchandisables, échangeables entre eux. Tout ce qui peut tomber dans l'escarcelle de la finance pour créer de nouveaux profits est bon à prendre. Ainsi en est-il des marchés de la biodiversité, qui se sont développés, notamment aux États-Unis. Depuis les années 1970, les lois états-uniennes obligent les promoteurs de projets qui dégradent la biodiversité (tel un barrage) à prévoir d'en atténuer les impacts, et sinon de les compenser par un autre projet plus favorable à l'environnement. Mais, à la suite d'une série de dérégulations promues par l'administration Bush, il est à présent possible de s'adresser à des « banques de compensation » qui vendent des réserves écologiques à ces promoteurs : ainsi peuvent-ils disposer de « crédits de compensation », nécessaires pour obtenir le permis de polluer par ailleurs[1]. Sous l'impulsion du ministère de l'Agriculture américain, il s'agit de développer un marché de « droits à détruire l'environnement », comme il existe un marché de « droits à polluer l'air ».

Les grands projets inutiles et imposés

Créer de nouveaux profits... Cet objectif poursuivi avec acharnement aboutit logiquement à créer des besoins superflus pour les citoyens. Comment ne pas faire le lien avec les « grands projets inutiles et imposés », autre levier activé par les investisseurs financiers et les multinationales pour augmenter leurs profits ? Plusieurs sont aujourd'hui sur le devant de la scène, parce qu'ils rencontrent une opposition forte de la part de la population locale, mais aussi de mouvements environnementaux et paysans.

---

1. H. Tordjman, V. Boisvert, « L'idéologie marchande au service de la biodiversité ? », *Mouvements*, n° 70, 2012.

En France, le plus controversé de ces projets est à Notre-Dame-des-Landes, à côté de Nantes. Lieu choisi pour un aéroport pharaonique conçu dans les années 1960. Celui-ci bétonnerait 2 000 hectares de terres agricoles et de bocages, où vivent des gens et où travaillent des paysans. Il s'ajouterait à l'aéroport déjà existant de Nantes-Atlantique, qui ne connaît aucun problème de saturation. Il mise sur un boom du trafic aérien, complètement improbable et écologiquement désastreux. C'est la multinationale française Vinci qui a été choisie pour bétonner ces milliers d'hectares. À Notre-Dame-des-Landes comme ailleurs, ces projets servent également la fierté de quelques hommes et femmes politiques, contents d'exhiber leurs énormes équipements et brandissant modernisation et progrès comme arguments de choc.

Parmi ces grands projets inutiles et imposés figurent aussi des autoroutes, des golfs, des centres commerciaux, de gigantesques complexes touristiques et sportifs, ou des barrages. À l'image du barrage de Sivens, dans le Tarn, qui, comme le précise un rapport d'octobre 2014 commandité par le ministère de l'Environnement, est fondé sur une « surestimation des besoins en irrigation » : ce barrage aux impacts environnementaux vivement décriés ne devrait servir qu'à une quarantaine d'exploitations, tournées vers des productions à forte demande en eau, comme le maïs. Cela alors que les conditions agronomiques exigeraient plutôt de développer d'autres cultures plus adaptées au milieu naturel et moins consommatrices d'eau. Ce rapport rappelle que, outre les dizaines d'hectares déjà défrichés, une quinzaine d'hectares de zones humides devraient être ennoyés, de même que seraient touchés les milieux aquatiques de la rivière aménagée. Tout cela pour un « coût d'investissement rapporté au volume stocké [...] élevé ».

Tous ces grands projets inutiles et imposés défigurent nos paysages, polluent l'eau, l'air et le sol, expulsent des populations et des paysans, et coûtent des sommes faramineuses, à l'heure de l'austérité budgétaire. Ils se fondent sur une croissance exponentielle de notre consommation énergétique et matérielle, à l'heure de l'épuisement des ressources naturelles et du réchauffement climatique. Mais qui dit grands projets dit grands profits, pour les banques et les multinationales qui se jettent sur ces marchés.

Socialiser et verdir les discours

Comment les multinationales et les investisseurs financiers ont-ils ainsi pu étendre leur pouvoir et connaître ce nouvel essor ? En justifiant leur domination et en récupérant les critiques qui leur ont été adressées. Dans *Le Nouvel Esprit du capitalisme,* les sociologues Luc Boltanski et Ève Chiapello décryptent ainsi comment les dirigeants et actionnaires ont repris à leur compte les aspirations d'émancipation d'après Mai 68, comment ils ont utilisé des idées attrayantes de performance individuelle, de flexibilité et d'adaptabilité, de polyvalence et de mobilité, de réseau et d'autonomie... pour mieux pouvoir confronter les salariés à l'insécurité et à la pression permanente.

De la même façon, les multinationales et les investisseurs financiers du monde agricole et alimentaire ont dû faire face aux critiques sociales et environnementales qui leur étaient adressées. Tout en poursuivant les mêmes objectifs de rentabilité à tout prix, ils ont pu se justifier en convertissant leurs discours à l'aune des nouvelles aspirations de la société. Sur la première page du site internet de Monsanto, numéro un des OGM, on peut lire : « Dans les mains des agriculteurs, des semences améliorées peuvent répondre aux besoins d'une population croissante. C'est pourquoi nous travaillons pour rendre l'agriculture durable. » Développement durable, biens publics, commerce équitable, économie et croissance vertes : un nouveau vocabulaire rassurant et « tendance » est donc désormais employé par les multinationales et les investisseurs financiers.

Ils peuvent ainsi compter sur des relais efficaces : responsables politiques et institutions internationales, chercheurs et économistes voués à la cause du libre marché, mais habiles dans l'art de manier les causes environnementales et sociales, voire les pensées altruistes. Les partisans du libre-échange aiment ainsi rappeler à quel point le commerce intensifié sur la planète est bon pour les pauvres, bon pour l'environnement. L'actuel cycle de négociations à l'OMC ne s'appelle-t-il pas « cycle du développement » ? L'intensification des échanges deviendrait également nécessaire face à un nouveau défi : nourrir un monde bientôt habité par neuf milliards d'êtres humains. Cette nécessité invoquée permet, pour des multinationales comme Monsanto, de justifier les OGM, qui augmenteraient la production alimentaire mondiale et seraient un outil de lutte contre la faim dans le monde.

Mais c'est le levier de l'environnement qui est sans doute aujourd'hui le meilleur argument des multinationales pour relégitimer la domination des marchés. La « croissance verte », l'« économie verte » et tout le champ des justifications environnementales sont appelés à la rescousse pour verdir à tout prix un système économique qui exploite pourtant toujours plus les ressources naturelles. Ce « verdissement » artificiel des discours et des publicités arrive à point nommé pour servir l'expansion des marchés. Et un nouvel eldorado vert s'offre désormais au marché : les agrocarburants.

L'agrobusiness vert

Issus de céréales, oléagineux, betteraves ou palmiers à huile, les agrocarburants sont justifiés par le besoin de réduire le recours aux énergies fossiles : comme l'indique Sofiprotéol, leader mondial français de la production de biodiesel, il faut prendre en compte « la raréfaction des ressources naturelles fossiles et le souci de concevoir des produits qui préservent l'homme et l'environnement ». Les agrocarburants ont été nommés « biocarburants », ce qui leur confère une coloration verte utile pour les défendre.

Toutefois, leur impact environnemental et social fait l'objet de fortes critiques. À tel point que Jean Ziegler, ancien rapporteur pour le droit à l'alimentation des Nations unies, les a qualifiés de « crime contre l'humanité ». Le bilan en termes de gaz à effet de serre est très discuté, du moins pour ce qu'on appelle la première génération, et peut se révéler négatif selon les calculs, avec la prise en compte de la déforestation ou de la disparition des prairies[1]. Généralement issus de monocultures très intensives, ils sont également critiqués pour leur impact sur les eaux, les sols et la biodiversité. Surtout, ils tendent à faire concurrence aux terres productrices d'aliments, à favoriser

1. Commissariat général au développement durable, « Bilan carbone des biocarburants : vers une prise en compte des changements indirects d'affectation des sols », n° 79, 2013.

la hausse des prix agricoles et l'accaparement des terres.

Avec le soutien des gouvernements – fortes subventions, détaxations, protections à l'importation… –, les agrocarburants connaissent un développement considérable, notamment aux États-Unis, en Europe et au Brésil : la production d'éthanol a plus que doublé au Brésil et a été multipliée par huit aux États-Unis entre 2000 et 2012. Les agrocarburants absorbent près de 80 % de la production d'huiles végétales dans l'Union européenne et 40 % de la production de maïs aux États-Unis, soit 15 % de la production mondiale. D'où une forte diminution des surfaces disponibles pour d'autres productions, notamment le soja et le blé, dont les prix augmentent en conséquence. Et, comme le maïs et le blé sont la base de l'alimentation animale, les prix des produits animaux augmentent eux aussi.

Face à cette pression sur les prix alimentaires, les objectifs de l'Union européenne ont été contestés : celle-ci a prévu que les carburants pour les transports incorporent au moins 10 % d'énergies renouvelables à l'horizon 2020, ce qui constituerait une très forte hausse des besoins en agrocarburants. L'Union européenne devrait donc en importer encore davantage ; alors qu'elle a du mal à être autosuffisante sur le plan alimentaire, elle ponctionnerait ainsi un peu plus les surfaces agricoles du reste du monde pour sa consommation alimentaire et énergétique. Un rapport de la Cour des comptes indique que 6 % de la surface agricole en France sont déjà voués à cette production, malgré une pertinence environnementale « difficile à mesurer et de plus en plus contestée », et un coût pour les contribuables français équivalant à près de 3 milliards d'euros entre 2005 et 2010, notamment sous forme d'une forte réduction de la taxe sur les produits pétroliers[1].

S'il y a une multinationale qui a bien profité de cet eldorado vert, c'est Sofiprotéol. Elle se vante d'avoir été créée à la suite d'une « prise de conscience du monde paysan français », dans les années 1970, pour restaurer une autonomie de la France en protéines végétales. Elle

1. Voir à ce propos le rapport de la Cour des comptes de 2012, « La politique d'aide aux biocarburants », et l'article d'A. Rousseau, « Agrocarburants : un juteux business sur le dos de la collectivité », sur le site internet du média Basta.

se veut « l'acteur financier de la filière française des huiles et protéines végétales », avec une interprofession (les agriculteurs, les industriels) qui jouerait un rôle clé. « Sofiprotéol, l'engagement durable » : c'est ainsi que se présente la multinationale. « Nourrir l'Homme, la première mission des agriculteurs et de Sofiprotéol », contribuer à « préserver la planète » : on ne peut qu'être séduit. Pourtant, en creusant un peu, on apprend que, sur les 7 milliards de chiffre d'affaires, près de la moitié concerne des produits à des fins non alimentaires. Des dérivés d'huiles végétales serviront à des produits cosmétiques, pharmaceutiques, à des détergents... et, plus généralement, à la « chimie végétale », au sein notamment d'une de ses filiales, Novance, créée en partenariat avec Rhône-Poulenc Chimie. Mais la multinationale est surtout leader dans la production d'agrocarburants, dont elle détient le quasi-monopole en France.

Cet empire du colza est parfois appelé la « pieuvre », dans le monde agricole français. En dix ans, il est passé de 1 à 7 milliards de chiffre d'affaires. Il dispose d'une multitude de filiales, de l'agrofourniture à la transformation des produits agricoles. Sous le doux nom de

« banque de développement », Sofiprotéol est un fonds d'investissement redoutable. Tout ce qui peut ouvrir des débouchés aux producteurs de colza ou de tournesol, mais surtout tout ce qui peut rapporter des profits supplémentaires à ses actionnaires, est bon à prendre.

Côté produits alimentaires, Sofiprotéol, ce n'est pas seulement les huiles Lesieur ou Puget. « Exploiter les complémentarités entre filière animale et filière végétale » : la formule figure en une du site de Sofiprotéol. Mais pourquoi ? Parce que l'alimentation animale représente un débouché de choix pour les producteurs de colza, de tournesol ou de soja. Il est utile d'y occuper des « prises de participation stratégiques », par exemple en contrôlant Hendrix Genetics, qui « a développé des souches de poules pondeuses qui peuvent se nourrir de tourteaux de colza sans que le goût de leurs œufs soit modifié ». Sofiprotéol contrôle aussi Glon Sanders, leader français des aliments composés pour animaux. Moins les animaux pâturent, moins les éleveurs sont autonomes pour leur alimentation animale et plus Sofiprotéol fait des affaires. Cette vision de l'élevage intensif se concrétise par exemple dans la participation de Glon Sanders à un projet de porcherie de près de 1 000 truies à Poiroux, en Vendée, qui fait face à de fortes contestations locales.

Le conglomérat est fidèle à cette vision du développement agro-industriel quand il participe au capital de Biogemma, qui développe des OGM. Il a pris part à la création du premier marché à terme du colza, en 1994. Il multiplie aujourd'hui les accords avec les plus grands holdings agro-alimentaires, par exemple Cargill et Bunge. Il s'étend bien au-delà des frontières nationales, afin d'aller chercher ailleurs de nouvelles parts de marché : dans son rapport d'activité de 2013, il vise « la mer Noire, le pourtour méditerranéen et l'Afrique ». Il a ainsi mis la main sur des usines au Sénégal, en Roumanie, en Algérie ou encore en Malaisie, pour produire de l'huile de palme « de façon responsable ». Et, pour mieux peser sur l'ensemble du monde agricole, il dispose d'un président qui est également à la tête de la FNSEA, syndicat majoritaire. Tout comme il place ses billes dans les médias, en devenant actionnaire d'AgraPresse ou de France Agricole.

L'agrobusiness vert a donc de beaux jours devant lui. Et les idées ne manquent pas. En témoigne le « semis direct[1] ». Cette technique permet de semer en travaillant le moins possible les sols. Elle est promue comme alternative au labour, plus respectueuse des sols et, par là même, du climat et de la biodiversité. Mais la pratiquer peut aussi s'accompagner du passage de machines sophistiquées et d'herbicides, eux-mêmes épandus sur des cultures OGM résistantes. D'où le soutien très actif des industries chimiques et semencières et des fabricants de matériel agricole, qui se sont directement investis dans la propagation de cette technique, en offrant des crédits et du conseil aux agriculteurs. Implantée en particulier dans les grandes cultures de soja d'Amérique latine, cette technique a été « publicisée » en France par Monsanto ou encore Syngenta. Elle est promue activement par des associations et sociétés dont ces multinationales sont fondatrices, comme l'Institut de l'agriculture durable.

Ces innovations « vertes » laissent croire que le progrès scientifique et technique va engendrer

1. Voir à ce propos E. Fouilleux, F. Goulet, « Firmes et développement durable », dans « Les agricultures de firme. Organisations et financiarisation », *Études rurales*, n° 190, 2012.

une croissance matérielle et énergétique, sans que la nature et le climat en soient affectés. Elles ouvrent la voie aux multinationales et aux investisseurs financiers comme grands conciliateurs des contraintes écologiques et des besoins humains. Besoins humains qui seront fondés sur une consommation matérielle et énergétique plus importante, offrant ainsi de nouvelles perspectives de profit. La crise écologique peut donc se résoudre dans un nouveau « capitalisme vert », sans qu'aient à intervenir la réglementation et les politiques publiques... et pour le plus grand bonheur des détenteurs de capitaux.

L'éthique au secours des multinationales

Les critiques environnementales et sociales sont récupérées également par une autre voie : la certification éthique, équitable ou durable. Les multinationales se lancent depuis quelques années dans le commerce équitable, parfois en association avec de grandes ONG et fondations, dont elles peuvent ainsi mieux maîtriser les attaques. Au risque, pour les ONG concernées, d'abandonner leur discours critique. C'est ainsi que de très nombreuses multinationales, grands distributeurs ou industries agro-alimentaires, ont lancé leur propre label éthique ou équitable, en partenariat avec RainForest Alliance ou encore Fair Trade International, à laquelle appartient Max Havelaar.

De même, WWF a créé une certification « durable » des matières premières comme le soja, en alliance avec la multinationale Unilever, la Rabobank, le distributeur suisse Coop et la Banque mondiale. Des forums prétendument inclusifs et participatifs regroupent les multinationales, les producteurs et la « société civile » pour prendre les décisions. Ces forums qui promeuvent le consensus effacent en réalité les rapports de force légitimes entre ces composantes. Ils laissent croire que les objectifs de chacun peuvent converger, faisant oublier que la rentabilité à court terme des capitaux reste le but numéro un des multinationales impliquées. Les règles de fonctionnement excluent progressivement de nombreuses organisations de petits producteurs ou citoyennes, qui n'ont pas les moyens humains et financiers d'y souscrire. Et c'est ainsi que, dans ces certifications « durables », les questions les plus sensibles comme les

OGM ou la monoculture sont mises de côté. C'est ce que montrent les travaux d'un certain nombre de chercheurs, tels Ève Fouilleux et Frédéric Goulet[1].

Tous ces partenariats posent question. Ainsi Nestlé, qui promeut depuis longtemps le lait en poudre dans des pays pauvres où l'eau potable et le pouvoir d'achat font défaut[2], utilise des labels de commerce équitable pour des barres de chocolat ou du café. Lidl, l'enseigne du *hard discount* dont les conditions de travail sont réputées lamentables, fait de même en partenariat avec Max Havelaar. Lipton, certifié par RainForest Alliance, appartient à la multinationale britannique Unilever, qui détient également une énorme quantité de marques : Amora, Maille, Maizena, Knorr, Magnum, Cartes d'or, Dove, Monsavon, Skip... Unilever manie les certifications éthiques et se targue, dans son code de bonne conduite, de « faire progresser et développer [les] compétences et [les] capacités » de ses travailleurs. Ce qui ne l'a pas empêché d'annoncer la délocalisation de son site de production Fralib de Gémenos,

1. È. Fouilleux, F. Goulet, *op. cit.*
2. http://www.babymilkaction.org.

pourtant rentable. Ses profits explosent, mais Unilever a refusé de céder la marque Éléphant, produite sur ce site, aux travailleurs de Fralib, qui mènent une lutte exemplaire pour relancer leur entreprise sous forme de coopérative.

Tout en essayant de se faire passer à grands coups d'opérations marketing et de spots publicitaires pour des entreprises vertes et vertueuses, les multinationales persistent à saccager la planète et à accaparer une part toujours plus importante de la valeur produite pour leurs actionnaires et leurs dirigeants. Elles continueront à agir ainsi, à l'image de Danone. Dans un débat public, en 2008, Danone voulait convaincre l'assistance des missions de sa multinationale : innovation sociale, protection de l'environnement et des petits producteurs, lutte contre la pauvreté, oubliant de nous raconter comment et pourquoi le groupe a construit l'une des plus grandes fermes du monde dans le désert d'Arabie Saoudite. Ou comment la multinationale laitière a licencié des centaines de salariés en 2001 et fermé plusieurs usines, alors qu'elle réalisait des profits considérables. En 2013, Danone a annoncé à nouveau la suppression de centaines de postes en France et en Europe. Le journal *Les Échos* nous présente alors son nouveau directeur général, Emmanuel Faber, comme un homme « en quête de passerelles entre le capitalisme et le social, la finance et l'humanité », mais celui-ci gagne plusieurs millions d'euros de rémunération par an, tout comme Franck Riboud, le président du conseil d'administration, qui vient de lui passer la main... et qui était l'un des patrons les mieux payés de France.

Chapitre 3

LA CONSOLIDATION D'UN MARCHÉ PLANÉTAIRE

Novembre 2014, à La Selle-en-Coglès, non loin de Rennes. Je suis invitée à l'assemblée générale de l'Association des producteurs de lait indépendants. Nous abordons ensemble la « crise du lait », et la chute des prix, qui risque de se produire d'ici à quelques semaines. C'est certain : cette fois-ci, beaucoup ne pourront pas tenir. Et, comme souvent dans ce genre de débats, nous parlons de politique agricole commune, d'organisation mondiale du commerce, d'accords de libre-échange, de spéculations sur des marchés internationaux... Le travail quotidien et les conditions de vie de ces producteurs sont en effet marqués par des décisions qui se prennent à un tout autre niveau. Ce qui se passe dans nos champs, ce qui finit dans nos assiettes, s'élabore à une échelle globale. Produire et manger autrement, c'est d'abord comprendre les tenants et les aboutissants de cette mondialisation qui pèse sur notre agriculture et notre alimentation, et ce qui se passe à l'autre bout du monde.

Crise financière, crise alimentaire : l'économie en déclin ?

2008. La crise financière ne devait être qu'un malencontreux soubresaut d'un système économique qui saurait s'adapter. Elle s'est finalement déployée dans le monde entier, provoquant un effondrement économique et social mondial. On a pu croire alors à une remise en cause des préceptes néolibéraux et de la domination des marchés : il était impossible qu'on laisse perdurer un système économique créant de tels ravages ! Les États revenaient en force pour sauver, avec des centaines de milliards d'euros et de dollars, les banques et les entreprises : c'était bien la preuve que le dogme du « laisser-faire » se fissurait et que le système économique était à bout de souffle. Mais c'était sans compter sur l'incroyable capacité de ce système à survivre à ses propres tourbillons, voire à en tirer profit pour approfondir sa propre logique.

En effet, l'intervention de l'État s'est voulue provisoire. Il n'y a pas eu de régulation forte et nouvelle des marchés, même financiers. La puissante réglementation des échanges de biens, de services et de capitaux qui avait suivi la crise de 1929, au temps du *New Deal*, n'a pas eu son équivalent à la suite de la crise de 2008. Il n'y a pas eu non plus de retour de l'État-providence ni de redistribution des revenus. Au contraire, les plans d'austérité, bâtis pour faire face à l'explosion des dettes publiques, ont surtout creusé les inégalités sociales dans de nombreux pays.

2008. Comme tout un chacun, je vois défiler des images de famines et d'émeutes aux quatre coins du globe. On assiste à une flambée des prix alimentaires, amorcée l'année précédente. Des révoltes de la faim éclatent dans plusieurs dizaines de pays pauvres, où une bonne part de la population se retrouve incapable d'acheter les produits de base nécessaires à sa survie. Ses revenus étant essentiellement consacrés à son alimentation, cette population tombe dans une misère extrême et la faim s'étend.

Là encore, la violence de cette crise alimentaire mondiale fait espérer une prise de conscience sur le système actuel et ses limites. J'ai le souvenir que, dans le mouvement altermondialiste, beaucoup pensaient révolue – ou, du moins, grandement fragilisée – la croyance généralisée dans les marchés. Des pays du Sud tentaient de remettre en place des politiques agricoles et alimentaires fortes. Une déclaration était adoptée par 180 pays lors du Sommet sur la sécurité alimentaire de juin 2008. Les trois agences alimentaires des Nations unies suppliaient les pays riches de renforcer leur aide publique au développement, notamment agricole, qui s'était effondrée en trois décennies.

Pourtant, comme pour la crise financière qui éclatait la même année, les discours n'ont pas été suivis d'actes. Aucune réponse effective n'a été mise en œuvre à un échelon international face au problème alimentaire. C'est ainsi que trois ans plus tard, en 2011, les prix atteignirent un nouveau record et caracolèrent à des niveaux encore plus élevés.

Les progrès de la réduction de la faim dans le monde stagnent. 840 millions d'êtres humains sont encore sous-alimentés, soit une personne sur huit. La faim touche plus du quart de la population dans toute une partie de l'Afrique subsaharienne, mais aussi des centaines de millions de personnes en Asie. Tous ces chiffres se trouvent aisément dans les rapports annuels de la Food Agricultural Organization (FAO, organe des Nations unies).

Malheureusement pour elles, ces centaines de millions de personnes n'entrent pas dans ce qu'Adam Smith appelait la « demande solvable », c'est-à-dire les consommateurs qui peuvent acheter ce dont ils ont besoin. La « main invisible du marché » permet alors de satisfaire cette demande solvable par un ajustement spontané de l'offre. Mais, dans ce monde où s'exprime toute la puissance du marché, que fait-on de la demande non solvable, de toutes ces personnes mal ou sous-alimentées qui représentent, selon la FAO, 30 % de la population mondiale ? Est-il acceptable de laisser toutes ces femmes, tous ces hommes et tous ces enfants dans l'incapacité de bénéficier de cette « main invisible du marché », avec les séquelles parfois vitales qui s'ensuivent ?

Nul besoin de voyager très loin pour se poser la question. Ne pas pouvoir se nourrir suffisamment et sainement est une réalité de plus en plus prégnante en France : 3,5 millions de personnes sont bénéficiaires de l'aide alimentaire, sans compter tous ceux qui n'osent franchir le pas, mais qui n'ont plus de quoi assurer quotidiennement leur subsistance. Et voyager dans ces pays où parfois la moitié de la population est considérée comme sous-alimentée révolte bien davantage encore.

Comble de l'ironie, les plus nombreux à souffrir du manque de nourriture dans le monde sont ceux qui produisent les aliments ! Près des trois quarts des personnes mal ou sous-alimentées sont en effet des agriculteurs. Les autres sont souvent d'anciens paysans, poussés par la pauvreté à l'exode vers les bidonvilles, où ils rencontrent chômage et bas salaires, et où ils se trouvent incapables d'acheter les produits alimentaires nécessaires. Une grande partie des paysans n'ont ni machines, ni culture attelée, ni sélection de semences, ni engrais, ni pesticides, ni amendement du sol.

Sur un hectare, on estime qu'ils sont capables de produire de 500 à 1 000 fois moins que les quelques millions d'agriculteurs les plus productifs dans le monde[1]. Dans beaucoup de régions pauvres, cette productivité n'a pas ou peu augmenté, faute de moyens. Depuis trente ans, la cinquantaine de pays les plus pauvres du monde, ceux qu'on appelle les « pays les moins avancés », ont vu leurs exportations agricoles s'effondrer et leurs importations s'accroître : ils sont de moins en moins capables de nourrir eux-mêmes leur population. Ils font face à des difficultés qui persistent, quand elles ne s'aggravent pas : manque de crédits pour les agriculteurs, manque de routes, d'équipements de stockage, d'entreprises de transformation...

Comment expliquer une telle stagnation ? Évidemment, les facteurs sont multiples. Les gouvernements de ces pays, parfois corrompus, parfois dans l'erreur, ont souvent délaissé leur agriculture et leur population. Mais les pays riches ont une responsabilité écrasante, en lien avec un système économique qu'ils ont

1. Voir à ce propos les travaux des agronomes Marcel Mazoyer ou Marc Dufumier.

imposé à l'ensemble du monde depuis plusieurs dizaines d'années.

Laisser faire les marchés agricoles : une exception dans l'histoire

Bien souvent, dans les débats que j'ai menés avec des partisans du libre-échange, ces derniers m'ont reproché de défendre des utopies. On m'a même qualifiée de « naïve » ou de « bien gentille ». Tactique bien commode pour décrédibiliser son adversaire. Mais passons. Pour ceux qui pensent que soumettre les marchés internationaux à la régulation relève de l'utopie, un peu d'histoire s'impose et, même si elle peut se révéler plus ardue que les paragraphes précédents pour le lecteur, une brève plongée dans le passé est nécessaire.

Dès l'Antiquité et dans de nombreuses régions du monde, les gouvernements ont régulé leurs marchés et protégé les frontières de leurs territoires, et ce afin de garder des stocks alimentaires de sécurité, de préserver leur population des famines et de privilégier leur agriculture. La révolution des transports maritimes et l'apparition de grands pays agro-exportateurs au

XIXe siècle ont accéléré la mondialisation des échanges. Mais la protection des marchés est restée la règle dans le cadre des pays ou des espaces coloniaux.

Les années 1950 sont marquées par la décolonisation et l'indépendance des pays du tiers monde. Ceux-ci adoptent les mêmes politiques de régulation des marchés qu'à la période coloniale. De leur côté, les deux plus grandes zones productrices, les États-Unis et les pays européens, contribuent à assurer une stabilisation des marchés internationaux : ils jouent sur la variation de leurs stocks agricoles ou régulent par diverses mesures leurs volumes de production agricole, pour ne pas inonder outre mesure les marchés.

À la sortie de la Seconde Guerre mondiale, le projet d'Organisation internationale du commerce, proposé par John Maynard Keynes et défendu par le Royaume-Uni, vise à mettre en place une coopération internationale pour réguler le commerce, au sein des Nations unies. Il intègre parmi ses objectifs le plein emploi, des conditions de travail « équitables » ou encore l'équilibre des balances commerciales entre pays. Il autorise le contrôle des capitaux et des investissements étrangers, de même que la protection des marchés et la fixation des prix agricoles, tout en rejetant le dumping – c'est-à-dire un procédé « qui permette l'introduction des produits d'un pays sur le marché d'un autre pays à un prix inférieur à leur valeur normale ». Une coopération étroite doit être réalisée avec l'Organisation internationale du travail et le Conseil économique et social des Nations unies. Le projet est ainsi à mille lieues de celui porté actuellement par l'Organisation mondiale du commerce, fondé sur le libre-échange et la concurrence.

Le projet d'Organisation internationale du commerce échoue, rejeté par le Congrès américain. Malgré cet échec, des accords internationaux pour réguler les marchés de matières premières verront le jour. Par exemple, face à la « menace communiste », les États-Unis et les pays européens accepteront de jouer le jeu d'une coopération internationale avec les pays en voie de développement, en stabilisant les prix des produits qu'ils exportent : café, cacao, sucre, caoutchouc... Dans les années 1960 et 1970, des accords (de Yaoundé, de Lomé, puis de Cotonou) seront mis en place entre les pays européens et leurs anciennes colonies d'Afrique, des Caraïbes et du Pacifique (ACP) pour leur accorder un accès privilégié aux marchés européens et gérer les prix des produits qu'ils exportent, afin de leur assurer des rentrées pérennes d'argent[1].

Toute cette période est donc témoin de tentatives visant à instaurer un commerce fondé sur la coopération, par la stabilisation des marchés et la prise en compte des inégalités sur les marchés internationaux. Cependant, dès les années 1960, les États-Unis commencent à sentir les effets de la concurrence internationale, d'autres pays développant leurs propres productions. En 1989, l'effondrement du bloc socialiste marque la fin de la « guerre froide », mais ouvre également la possibilité pour les États-Unis, désormais seule puissance hégémonique, d'imposer leurs intérêts à l'échelle mondiale sans passer par les mêmes stratégies de coopération. Cela d'autant plus que d'autres pays, comme ceux de la communauté économique européenne, ne jouent pas le jeu de cette coopération. La régulation interna-

1. Voir à ce propos J.-M. Boussard, D. Delorme, *La Régulation des marchés agricoles internationaux*, L'Harmattan, 2007.

tionale des marchés agricoles disparaîtra avec le tournant néolibéral de la fin des années 1980. Faisant de l'agriculture un secteur économique comme les autres, le néolibéralisme instaurera le laisser-faire et le démantèlement des politiques de régulation des échanges et des prix dans beaucoup de régions du monde. Il se réalisera avec l'appui décisif de certaines institutions internationales : le Fonds monétaire international (FMI), la Banque mondiale et le GATT, devenu Organisation mondiale du commerce (OMC).

Des plans d'ajustement structurel aux plans d'austérité

Lorsque j'ai commencé à militer au sein du mouvement altermondialiste, les contre-sommets de l'OMC battaient leur plein. À Seattle, des dizaines de milliers de manifestants avaient réussi à bloquer en 1999 le lancement d'un nouveau cycle de négociations. Bien des années après, l'association Attac, que je présidais, annonçait en dérision ma candidature au poste de directrice du FMI face à Christine Lagarde. Annonce qui permit un tant soit peu de faire entendre un autre son de cloche sur les politiques du FMI. Pourquoi les altermondialistes, pourquoi autant d'organisations citoyennes dénoncent-ils depuis tant d'années ces institutions internationales ?

Il est important d'abord de préciser qu'elles n'agissent pas seules et selon leur bon vouloir. Leur pouvoir n'est égal qu'à celui que veulent bien leur laisser les gouvernements qui les composent. Leurs lignes politiques, leurs décisions, sont toutes soumises au vote et à la vigilance de leurs membres, du moins ceux qui pèsent le plus. Les BRIC (Brésil, Russie, Inde, Chine) y jouent un rôle de plus en plus important. Mais les plus puissants restent les mêmes : les États-Unis d'un côté, les pays européens de l'autre, représentés en bloc à l'OMC par l'Union européenne. États-Unis et Union européenne pèsent en effet pour la moitié du PIB mondial et constituent le tiers des échanges commerciaux. La responsabilité de nos gouvernements dans la conduite de ces institutions internationales est donc entière, même s'ils s'en dédouanent parfois.

Parmi ces institutions internationales, le FMI, la Banque mondiale et le GATT ont été créés après la Seconde Guerre mondiale dans l'espoir de maintenir la paix et de réguler le système économique international. Toutes comportaient déjà des défauts démocratiques. Elles s'inscrivaient hors des Nations unies. Mais c'est avec la révolution néolibérale qu'elles sont devenues des outils visant à abattre tout obstacle aux marchés.

Cette progression s'est d'abord faite par le Sud. Dans les années 1960, les pays tout juste sortis du joug colonial ont emprunté de grosses sommes au FMI, à la Banque mondiale et aux banques internationales. Tout les poussait dans ce sens : l'inflation était forte, les taux d'intérêt bas et les taux de change favorables. Mais, dès le début des années 1980, sous l'influence de la politique néolibérale de Ronald Reagan, les taux d'intérêt variables ont augmenté, l'inflation a baissé et le dollar s'est apprécié. Les dettes des pays du Sud, remboursables en dollars, ont explosé. Ces pays sont entrés en crise chacun leur tour, le Mexique en tête.

Les pays du Sud se sont bel et bien retrouvés pris au piège du surendettement et ont dû accepter la seule solution qu'on leur offrait : les plans de stabilisation et les plans d'ajustement structurel, proposés par le FMI et la Banque mondiale. Ces plans appliquaient strictement les recettes néolibérales. Le rapport d'Elliot Berg publié par la Banque mondiale en 1981 : « Le développement accéléré en Afrique, au sud du Sahara », affirmait ainsi que la libéralisation des échanges et la diminution des protections douanières accéléreraient le développement, en confrontant les pays pauvres à la concurrence mondiale. En échange de prêts supplémentaires ou de nouvelles conditions sur les anciens prêts, ces plans ont été assortis de conditions draconiennes : abaissement, voire suppression des droits de douane, réduction des dépenses publiques dans la santé ou l'éducation, restriction des régulations de marché, privatisation des entreprises publiques, soutien des productions vouées à l'exportation…

C'est ce qui s'est passé au Burkina Faso, après l'assassinat du président Thomas Sankara, opposé aux plans du FMI et de la Banque mondiale. Il dénonça en son temps « le système de dette mis en place par les puissances occidentales avec la complicité des dirigeants du Sud pour confisquer la souveraineté des peuples ». Son remplaçant, Blaise Compaoré, impliqué dans le coup d'État et l'assassinat de Thomas Sankara, est resté à la tête du pays pendant vingt-sept ans. Face à une opposition politique inexistante car cadenassée, il signa un premier plan d'ajustement structurel en 1991, avant d'en signer d'autres permettant la privatisation de plusieurs dizaines d'entreprises publiques.

Ayant pour but de faire rentrer des devises monétaires dans les pays endettés et de rembourser la dette, ces plans ont conduit à une occupation de tous les secteurs économiques par les multinationales des pays riches : celles-ci, débarrassées des protections existant dans ces pays, purent acheter à prix bradés les entreprises publiques. Elles y ont trouvé un bon moyen de relancer leurs profits : banques, assurances, télécoms, distribution d'eau et d'électricité, production d'énergie, transformation des produits agricoles... Dans le même temps, les dettes et les intérêts des pays pauvres ont continué d'augmenter, de même que leur dépendance vis-à-vis des multinationales et des capitaux étrangers, ainsi que la pauvreté, la faim et les inégalités.

L'agriculture illustre bien les conséquences des plans de stabilisation et d'ajustement structurel sur les pays du Sud. Les cultures d'exportation ont été promues encore davantage par le FMI et la Banque mondiale pour faire rentrer des devises monétaires. En se spécialisant ainsi, les pays emprunteurs sont devenus dépendants de quelques marchés mondiaux, comme le coton au Burkina. Les bénéfices escomptés ont été plombés par un engorgement des marchés et une baisse des prix des produits exportés, souvent de faible valeur ajoutée car non transformés sur place. Les recettes publiques issues des droits de douane, qui représentaient une grande partie des revenus publics de ces pays, ont fondu. Les politiques de stockage public de céréales, essentielles pour assurer la sécurité alimentaire dans un pays comme le Burkina, ont été supprimées.

Privés de protections aux frontières, les paysans se sont retrouvés concurrencés par l'agriculture ultra-compétitive et souvent ultra-subventionnée des pays riches. Le désengagement des États a menacé l'existence des fonctions essentielles pour le développement agricole, qu'il s'agisse du crédit, du conseil, de la recherche, de l'aide aux achats d'engrais... Au Burkina, quasi toutes les entreprises publiques de production, de transformation et de distribution des produits agricoles ont été privatisées : les Grands Moulins du Burkina, la Société sucrière de la Comoé, Flex-Faso pour les fruits, Sonacor pour le riz, Sofitex pour les fibres textiles… Les résultats sont souvent désastreux, avec des rachats à bas prix, des investissements privés insuffisants, des activités économiques et des emplois qui disparaissent… Et une dépendance alimentaire qui s'est considérablement accrue vis-à-vis des importateurs étrangers.

Cette dépendance alimentaire est devenue meurtrière pour les pays pauvres : elle a abouti à une avancée considérable de la faim en 2007 et 2008, et a débouché, on l'a vu, sur des soulèvements partout dans le monde. En effet, quand les prix alimentaires ont flambé sur les marchés internationaux, les pays pauvres n'ont eu d'autre choix que de continuer à se tourner vers le grand commerce mondial, quels que soient les prix. Les gros négociants du secteur en ont profité. Dans le cas du riz, par exemple, *traders* genevois, « maîtres du riz » chinois ou grands importateurs africains ont chacun augmenté leurs marges[1]. Cette situation se perpé-

1. J.-P. Boris, *Main basse sur le riz*, Fayard, 2010.

tue, puisque les prix des produits alimentaires de base restent au plus haut.

On a beaucoup écrit sur les échecs de ces plans d'ajustement structurel. Ceux-ci ont été durement critiqués par Joseph Stiglitz, ancien économiste en chef de la Banque mondiale et prix Nobel d'économie. La Banque mondiale elle-même a changé de discours. Son président, Robert Zoellick, a appelé en 2008 à investir davantage dans la « petite agriculture », celle « de subsistance », et à « appliquer des règles du jeu équitables dans le commerce international ». Assistait-on à une prise de conscience générale ? Il ne fallut pas longtemps avant de se rendre compte qu'il n'en était rien.

Trente ans après, en 2010, on annonça dans les médias le « sauvetage » de nouveaux pays par le FMI et, cette fois-ci, la Commission européenne et la Banque centrale européenne. Tous trois forment la « Troïka ». Les pays en question étaient européens – Grèce, Irlande, Portugal –, mais les recettes néolibérales de naguère resteraient les mêmes. L'idée est bien connue : utiliser la dette publique et le besoin de financements pour imposer aux populations des coupes budgétaires drastiques et une régression sans précédent des services publics et des droits sociaux. Ces plans représentaient une nouvelle « stratégie du choc », au sens que lui a donné la journaliste canadienne Naomi Klein : la mise en œuvre, de façon radicale et soudaine, en Europe cette fois, d'une révolution néolibérale débutée trente ans auparavant.

Quelles en ont été, cette fois-ci, les conséquences ? La dette publique, causée par les cadeaux fiscaux faits aux riches depuis des années, par la récession et par le sauvetage de la finance après 2008, doit être payée par les couches moyennes et précaires. Le bilan social est lourd, et c'est certainement la Grèce qui en a fait le plus les frais : elle représente un laboratoire pour les politiques d'austérité, qui ont pris là-bas une ampleur inédite. J'ai pu m'y rendre à plusieurs reprises ces dernières années pour y rencontrer des intervenants de mouvements sociaux, abasourdis par la violence de la « stratégie du choc ». Qu'il me soit permis de développer un peu ce qui s'y passe, et qui renvoie à la violence des plans d'ajustement structurel de naguère.

Depuis 2010, une dizaine de plans d'austérité ont été signés entre la Grèce et la Troïka, afin de réaliser près de 150 milliards d'économies d'ici à 2016 – soit l'équivalent d'un an et demi de dépenses publiques totales du pays. Qui paie ? Assurément les salariés, les retraités et les chômeurs ; côté fiscalité, les impôts les plus injustes sont augmentés, telle la TVA qui touche la consommation des biens ordinaires. Les plus pauvres sont désormais imposés, dès 5 000 euros de revenus par an. Les retraites sont réduites, l'âge de départ à la retraite est reculé à 67 ans. Les salaires sont fortement diminués, tant dans le public que dans le privé, et parfois de moitié. Le salaire minimum est abaissé de 22 %, dégringolant à 510 euros par mois, bien loin du SMIC des Français de 1 400 euros brut, avec pourtant un coût de la vie qui n'est guère plus faible. Enfin, des vagues massives de privatisations et le licenciement déguisé de dizaines de milliers de fonctionnaires doivent alléger l'État, avec par exemple une baisse du quart du budget du ministère de la Santé. En revanche, certaines causes bien connues de la dette grecque ne sont pas considérées : les avantages fiscaux pour les catégories aisées et certains secteurs (armateurs, banques, Église...), l'évasion et la fraude fiscales, des dépenses militaires excessives.

Quelles sont les conséquences de ces mesures drastiques ? La pauvreté et le chômage explosent : plus d'une personne sur quatre vit dans la pauvreté et les deux tiers des jeunes sont au chômage. Pour quels résultats économiques ? Depuis 2009, le pays est plongé dans la récession, la dette publique a grimpé en flèche. Des experts économistes du FMI commencent tout juste à ouvrir les yeux et viennent de reconnaître des « erreurs notables » : ils ont sous-estimé les impacts négatifs de l'austérité. Ils considèrent désormais que la restructuration de la dette, c'est-à-dire l'effacement volontaire d'une partie de la dette par les créanciers privés, survenue en 2012, aurait dû être entreprise bien avant. Selon le FMI, ce retard à l'allumage a permis à de nombreux créanciers privés, banques ou fonds d'investissement, de s'échapper du pays sans subir la moindre perte.

Ces « erreurs notables » ont de lourdes conséquences : baisse de deux ans de l'espérance de vie, explosion du nombre d'interruptions volontaires de grossesse et d'abandons de nourrissons pour des raisons strictement économiques, prolifération incontrôlable de

SDF... Une étude publiée dans le très sérieux *American Journal of Public Health* indique une hausse vertigineuse des homicides et des suicides, de nouveaux cas d'infection par le VIH (liés aux coupes de budget dans les programmes d'échange de seringues pour les drogués et de distribution de préservatifs), retour du paludisme et de la dengue...

Que ce soit les plans de stabilisation et d'ajustement structurel au Sud ou les plans d'austérité au Nord, l'idée est chaque fois la même : accepter le sacrifice d'une génération d'êtres humains comme condition nécessaire du progrès économique à long terme. Idée reprise également par Pascal Lamy alors qu'il était directeur général de l'OMC : « Si on veut que ça se passe, il faut que le commerce marche », même si, « à court terme, ce ne sont pas de bonnes nouvelles pour beaucoup de pays en développement ». Faut-il ici paraphraser la fameuse phrase de John Maynard Keynes : « À long terme, nous serons tous morts »... lorsque les recettes néolibérales porteront enfin leurs fruits ?

OMC : grandeur et décadence

Contrairement aux pays du Sud, ce n'est pas tant par l'action du FMI et de la Banque mondiale que les pays européens ont subi la dérégulation de leurs marchés agricoles. C'est par celle de l'OMC. Celle-ci regroupe environ cent cinquante pays. Elle est gouvernée par une idée : la libéralisation des marchés ne pourra que profiter au bien-être général, y compris pour les pays pauvres. L'accord qui la crée en 1994 à la suite du GATT lui donne un objectif clair : « la réduction substantielle des tarifs douaniers et des autres obstacles au commerce et l'élimination des discriminations en matière de commerce international ». Les protections aux frontières, comme les droits de douane et les règles sociales et environnementales dites « protectionnistes », doivent tomber. Ce qui est produit localement doit être traité comme tout produit importé, même si ce dernier est produit avec des salaires beaucoup plus bas, un droit du travail et des normes environnementales inexistants. C'est ce qu'on appelle, dans le jargon de l'OMC, le principe du « traitement national ».

De 2006 à 2013, l'OMC a été dirigée par Pascal Lamy. Des pays pauvres ont beau être de plus en plus pauvres, de plus en plus dépendants sur le plan alimentaire, Pascal Lamy ne perd jamais son optimisme. Deux ans après les graves émeutes de la faim, dans une tribune publiée dans *Libération*, il réaffirmera les bienfaits du commerce international, qui « n'est en fait qu'une courroie de transmission entre les terres d'opulence et les terres de pénurie. Il jette un pont entre l'abondance et la rareté ».

Grâce aux échanges, nous pouvons consommer du poulet bien moins cher et, au Brésil, la production a pu se développer, source de nouveaux revenus. Chacun est censé gagner dans l'ouverture des marchés. Cet optimisme s'appuie sur des modèles économiques et mathématiques qui concluent aux bienfaits pour tout le monde du libre-échange. Mais ils reposent le plus souvent sur des hypothèses illusoires : le capital et le travail ne peuvent dépasser les frontières, la demande et la production réagissent automatiquement aux prix, tout le monde est parfaitement informé de ce qui se passe sur tous les marchés, ou encore les monopoles et les oligopoles n'existent pas... Dans ces conditions, évidemment, n'importe quel grain de sable qui vient gripper la machine bien huilée est à proscrire. Toute intervention des États doit être évitée.

Reprenons notre exemple du poulet. Qui croit encore manger un volatile produit près de chez lui, dans une petite ferme où les volailles gambadent en liberté ? Le poulet acheté en France est, la plupart du temps, importé, en particulier quand il s'agit de filets, de cuisses, d'ailes, de plats cuisinés, pizzas, nuggets ou paellas. Il est très souvent congelé et provient du Brésil. Comment a-t-il été produit là-bas ? Les éleveurs brésiliens qui exportent sont sous contrat direct avec quelques grandes multinationales, brésiliennes ou états-uniennes, comme Sadia, Perdigao, Cargill ou JBS. Les investisseurs y réalisent un placement financier et font gérer leur exploitation par de la main-d'œuvre salariée, payée bien moins cher qu'en France. Ils bénéficient d'un prix de la terre lui aussi peu onéreux. Ils reçoivent des poussins très bon marché, nés et sélectionnés dans les grandes couveuses industrielles des multinationales avec lesquelles ils sont sous contrat. Puis les volailles sont nourries de maïs et de soja transgéniques, produits sur place. Elles seront transformées par des ouvriers payés 240 euros par mois, avec un droit du travail peu contraignant, dans d'immenses usines où sont tués un demi-million de poulets par jour[1]. Le poulet brésilien profite également d'une monnaie, le real, largement sous-évaluée face à l'euro.

Autant d'avantages compétitifs qui permettent aux exportateurs brésiliens de vendre bien moins cher que nos producteurs français : quand leur coût de production est estimé à 80 centimes le kilo de carcasse de poulet, il est estimé chez nous à 1,30 euro[2]. Doux a d'ailleurs cru profiter des avantages du Brésil : l'entreprise avait délocalisé une grande partie de sa production là-bas, pour faire du poulet réexporté par la suite.

1. F. Champion, P. Chotteau, B. Duflot, P. Magdelaine, H. Marouby, M. Rieu, C. Riffard, « La compétitivité agricole du Brésil : le cas des filières d'élevage », *Notes et études socio-économiques*, 2013 ; Grain, « L'élevage sous contrat et l'industrie de la volaille dans le monde », 2008.

2. http://www.franceagrimer.fr/content/download/17943/141819/file/SYN-VBL-commerce+international+viande+volaille-2012.pdf.

Pour les partisans du libre-échange, nous devrions être heureux de payer moins cher notre poulet au supermarché grâce à la libéralisation du commerce international. C'est oublier la mise sous tutelle de l'agriculture familiale par des multinationales au Brésil, l'occupation des terres par des investisseurs, des conditions d'élevage de plus en plus décriées à la fois pour les travailleurs et les volailles… Et, en France, des suppressions d'emplois dans l'élevage et dans l'industrie, comme l'ont rappelé les naufrages de Doux et de Tilly-Sabco. Quand les entreprises ne licencient pas, elles en profitent pour demander, au nom de la compétitivité, une « baisse du coût du travail » et moins de « contraintes administratives », autrement dit moins de droits sociaux, moins de protection de l'environnement, de la santé des êtres humains et des animaux. Au total, il y aura bien des gagnants au commerce international : les multinationales et leurs actionnaires, qui, eux, auront pu augmenter leurs revenus en baissant ceux des salariés et des agriculteurs, et en s'affranchissant d'un maximum de contraintes de production.

Ce commerce international débridé condamne également l'aspiration des citoyens à consommer davantage ce qu'on produit localement. Dans une tribune publiée dans *Libération* en 2010, Pascal Lamy les appelait les « locavores » : « Il n'est pas étonnant que ceux qui plaident en faveur de la production locale sont ceux qui disposent des plus grandes richesses agricoles et qui sont déjà capables de se nourrir eux-mêmes. Je n'ai pas encore entendu parler de locavores dans des régions arides comme le Yémen. » Il ignore la motivation principale de ces « locavores », qui n'est certainement pas d'affamer des peuples en arrêtant tout échange agricole : ces locavores souhaitent simplement consommer de manière responsable, connaître la façon dont a été produit ce qu'ils mangent, éviter d'acheter une banane de Colombie sans savoir qu'elle a peut-être profité à une multinationale américaine, sans savoir qu'elle a poussé avec force pesticides et a été récoltée par des salariés surexploités sur des terres arrachées aux communautés locales et soumises à des milices armées.

Vouloir déréguler le commerce international revient aussi à faire peser un grand danger sur la sécurité alimentaire, même pour les pays du Nord. Ainsi en est-il du soja. Son marché a été libéralisé bien avant les autres, dès les années

1960, au temps du GATT : un compromis avec les États-Unis a poussé la Communauté économique européenne à supprimer les droits de douane sur le soja. Le résultat a été sans appel : à présent, le soja consommé en Europe est essentiellement importé de trois pays : le Brésil, les États-Unis et l'Argentine. Il se compose principalement d'OGM et coûte très peu cher. En Amérique latine, les immenses monocultures de soja polluent les eaux et les sols, et grignotent l'agriculture locale. En Europe, l'alimentation animale soja-maïs s'est propagée, au détriment des protéines végétales et des céréales locales ainsi que des prairies. Mais surtout, pour une très grande partie de l'alimentation de ses élevages, l'Union européenne dépend des façons de produire et des capacités de production d'un tout petit nombre de pays. Ce qui peut l'amener à se trouver en grande difficulté, comme en 1973, quand les États-Unis ont décidé de stopper leurs exportations de soja, parce que la production avait chuté et qu'ils voulaient d'abord assurer leur propre approvisionnement.

Le soja a « bénéficié » du libre-échange depuis les années 1960. Pour les autres produits agricoles, il faudra attendre plus tard. Considérée jusque-là comme un secteur à part, l'agriculture dans son ensemble n'échappera pas aux exigences du libre-échange et du GATT, puis de l'OMC : dès les années 1980, elle arrive au cœur des négociations. L'Union européenne l'accepte, entre autres parce que l'agriculture constitue une monnaie d'échange pour libéraliser d'autres secteurs comme les services, qui intéressent ses multinationales. En 1994, les négociations se concluent par un accord général d'ouverture des marchés. Les droits de douane sont réduits pour tous les pays – sauf pour les pays les plus pauvres, mais le FMI et la Banque mondiale s'en sont déjà chargés. Tout ce qui permet de réguler les prix et les volumes de production doit être progressivement démantelé : rien ou presque ne doit fausser les signaux du marché.

En conséquence, les prix alimentaires, libérés de toute régulation publique, se mettent à grandement fluctuer. Désormais, les pays n'ont plus le droit de stabiliser les prix à des niveaux appropriés. Ils ne peuvent plus les faire remonter ou retomber en stockant ou déstockant des tonnes de blé ou de poudre de lait. Un jour, les prix chutent et ce sont les producteurs qui en pâtissent ; un jour, les prix flambent et ce sont les consommateurs qui trinquent. Mais il y a des gagnants : les grandes entreprises de la transformation et de la distribution, qui en profitent pour accroître leurs marges un peu plus à chaque fois. Ainsi, quand les consommateurs européens voient le prix du lait augmenter de 14 % entre 2006 et 2009, les producteurs voient leur prix d'achat diminuer[1]. Où est passée la différence ? Dans les poches de la grande transformation et de la grande distribution.

Cette libéralisation des marchés orchestrée par l'OMC n'est par ailleurs qu'un trompe-l'œil. La triade FMI, Banque mondiale et OMC a en fait organisé un vaste dumping en faveur des pays riches et de leurs intérêts économiques, grâce à une forte intervention publique. Comment ? D'un côté, le FMI et la Banque mondiale ont poussé à la réduction des droits de douane dans les pays pauvres. De l'autre, l'OMC permet aux pays riches de distribuer à leurs agriculteurs des dizaines de milliards d'aides directes, censées ne pas créer de distorsions de marché. Les pays riches ont alors pu déverser à prix imbattables leurs produc-

1. Commission européenne, « Situation du marché laitier en 2009 », Bruxelles, 2009.

tions dans les pays pauvres. En conséquence, les agricultures familiales sont dévastées par la concurrence déloyale.

L'OMC est obnubilée par toutes les barrières au commerce, et pas seulement les droits de douane. Elle se méfie comme de la peste des « barrières non tarifaires », autrement dit des normes environnementales, de santé, de droit social ou de toute autre exigence vis-à-vis des produits importés. Les produits agricoles sont en particulier concernés par les normes sanitaires et phytosanitaires, qui fixent un minimum de protections pour la santé des consommateurs et le bien-être animal. L'OMC a toujours peur qu'elles ne soient l'occasion d'un « protectionnisme » ralentissant la bonne marche du commerce.

Elle en a fait une nouvelle fois la démonstration dans le cas du bœuf aux hormones : l'Union européenne a refusé d'en importer et a tenté de faire valoir ses normes sanitaires et phytosanitaires. En 1996, les États-Unis et le Canada, qui en produisent et en consomment en grandes quantités, ont porté plainte, prétextant qu'on lésait leurs intérêts agro-industriels. Qu'a répondu l'OMC ? Elle a condamné l'Union européenne à des sanctions commerciales, pour cause de protectionnisme déguisé, parce qu'elle n'est pas parvenue à apporter la preuve des risques encourus. Un accord a finalement été trouvé et a obligé l'Union européenne à augmenter la quantité de viande bovine importée – sans hormones – des États-Unis et du Canada. De même, qu'arriverait-il si l'Union européenne décidait de ne plus importer d'OGM, parce que l'immense majorité de ses citoyens les refusent ? Elle se ferait immédiatement attaquer à l'OMC : il y a longtemps que les choix des citoyens d'un pays, d'une région, pour protéger leur santé, ne sont plus souverains.

L'agriculture n'est pas la seule cible de l'OMC. Prenons le secteur de la finance. L'Organisation mondiale du commerce a poussé à la dérégulation des services financiers, banques, assurances ou fonds de pension : les pays qui ont signé ses accords ont perdu beaucoup de marges de manœuvre pour réguler et contrôler l'accès de la finance internationale à leurs propres marchés, pour freiner la concentration des firmes et nationaliser leur secteur bancaire. Autant de politiques qu'ils auraient dû mener pour éviter le krach financier de 2008. Autre secteur concerné par les accords de l'OMC : les services, avec l'Accord général sur le commerce des services (AGCS), conclu lui aussi en 1994. C'est d'ailleurs cet accord qui a offert la possibilité dans l'Union européenne de faire appel à des travailleurs détachés.

Mais, lancée à toute allure, la machine de l'OMC s'est très vite grippée, au grand dam de Pascal Lamy. Depuis 1994, pas un accord général n'en est sorti – et pour cause : l'OMC a pris un coup dans l'aile. En effet, le mouvement altermondialiste a fait son apparition en 1999 au sommet de Seattle pour la contester. Les pays du Sud ont fustigé les dégâts du libre-échange et du dumping déguisé. Ils ont porté plainte contre l'OMC pour dénoncer un certain nombre de subventions des pays riches, telles des aides versées aux producteurs de coton aux États-Unis, qui ont finalement été condamnés en 2005 pour dumping.

En 2008, l'Inde, emmenant avec elle les pays du G33 – une trentaine de pays en voie de développement souhaitant pouvoir se protéger –, s'est formellement opposée à un accord sur l'agriculture, refusant de poursuivre l'ouverture de ses frontières, pour protéger sa sécurité alimentaire et ses centaines de millions de paysans. La même année, le président bolivien Evo Morales reprenait les critiques adressées de longue date par nombre d'ONG et pointait du doigt les problèmes démocratiques qui règnent à l'OMC : trente-cinq pays étaient en fait invités par le directeur général à des réunions informelles pour avancer dans les négociations.

Au dernier sommet de Bali, en décembre 2013, l'Inde continuait à résister à un nouvel accord. Annoncé en grande pompe, l'accord finalement survenu ne porte que sur une toute petite partie des négociations. Les pays riches voulaient faire sauter les politiques de sécurité alimentaire mises en place par l'Inde et d'autres pays du Sud. Des politiques permettant d'acheter et de stocker des produits alimentaires pour les revendre à des prix plus bas. Le ministre du Commerce indien a été très clair là-dessus : « La sécurité alimentaire n'est pas négociable. Les gouvernements de toutes les nations en développement ont une obligation légitime et un engagement moral vis-à-vis de la sécurité des moyens d'existence de leurs centaines de millions de personnes pauvres et affamées. » L'accord s'est conclu par une « clause de paix » remettant à plus tard les décisions sur ces politiques existantes, mais condamnant à l'avance toute nouvelle politique de sécurité alimentaire de ce type.

La constitution d'un grand marché transatlantique

Les négociations de l'OMC continuent de piétiner. Faut-il s'en réjouir ? Rien n'est moins sûr. Incapables de poursuivre la libéralisation des marchés en fonction de leurs intérêts et de ceux de leurs multinationales, les pays riches ont trouvé une nouvelle voie : les accords bilatéraux de libre-échange. Ils se sont multipliés ces dernières années, au point de couvrir une grande partie de la planète : plusieurs centaines sont en vigueur aujourd'hui. Directement conclus entre deux pays ou régions du monde, ils impliquent pour chacun l'élimination des droits de douane et de tout autre obstacle au commerce, bien au-delà des termes de l'OMC et pour l'ensemble des secteurs économiques. Vecteurs eux aussi d'un nouvel essor des marchés, ils permettent aux pays riches de disposer d'un rapport de forces encore plus favorable que dans le processus multilatéral de l'OMC, où les pays du Sud se sont progressivement organisés.

Ainsi en est-il des accords de partenariat économique entre l'Union européenne et les pays d'Afrique-Caraïbes-Pacifique (ACP). Leurs rapports commerciaux ont été régis jusque-là par les accords de Yaoundé, de Lomé, puis de Cotonou, instaurant une asymétrie commerciale au profit des pays ACP, bien plus pauvres, bien moins compétitifs : côté Union européenne, les droits de douane sont quasi nuls ; côté ACP, ils sont du même ordre que pour les autres pays du monde.

Mais cette asymétrie commerciale est, selon l'Union européenne, incompatible avec les exigences de l'OMC et sa clause de la nation la plus favorisée : les concessions commerciales accordées à un pays doivent être étendues à tous les autres. L'UE s'est appuyée sur cette règle pour proposer de nouveaux accords nommés hypocritement « de partenariat économique », qui éliminent les droits de douane, en totalité ou en très grande partie... des deux côtés. Les pays ACP sont donc sommés d'ouvrir grand leurs frontières aux multinationales européennes. Pour faire plier les récalcitrants, l'Union européenne a menacé de supprimer des aides au développement liées aux anciens accords de coopération. Une partie des pays ACP a accepté ; l'autre résiste à cet accord, dénonçant une libéralisation des échanges bien au-delà des termes de l'OMC et une concurrence déloyale à l'horizon. La cohésion entre pays africains s'en trouve d'autant plus affectée.

Le plus important des accords bilatéraux de libéralisation des échanges est maintenant sur la table. Le 8 juillet 2013, l'Union européenne et les États-Unis ont entamé des négociations sur un accord commercial bilatéral, le Partenariat transatlantique de commerce et d'investissement (PTCI). Tous les États membres ont donné mandat à la Commission européenne pour négocier ce « grand marché transatlantique », avec comme seule exception – à relativiser – les services audiovisuels. Même si François Hollande a affirmé, fin 2013, qu'il ferait « tout pour que l'agriculture puisse être préservée dans la négociation avec les États-Unis », car « nos produits ne peuvent pas être abandonnés aux seules règles du marché », l'agriculture fait bel et bien partie du mandat de négociation que la France a voté.

Le grand marché transatlantique représente la moitié du PIB mondial. Pour la Commission européenne, il s'agit d'aligner l'accord sur « le plus haut niveau de libéralisation » qui soit. Elle souhaite l'ériger en modèle, avec des conséquences pour tous les pays du monde.

Les multinationales européennes ont déployé un lobbying intense en perspective de l'ouverture des négociations et ont eu de multiples contacts, que ce soit avec le gouvernement français ou la Commission européenne. En décembre 2013, je me suis rendue au nom de l'association Attac, avec des dizaines d'autres représentants de la « société civile », à une grande table ronde pour discuter de cet accord avec la ministre du Commerce extérieur. Tous ceux qui se sont exprimés ont pu dire le mal qu'ils en pensaient. Autour de la table étaient également présents nombre de représentants du patronat et des grandes entreprises, qui ont affiché au contraire toute leur confiance dans ces négociations.

Cette grand-messe ne fit pas oublier qu'en parallèle fonctionnait un comité stratégique, qui se voulait « le lieu et l'instrument d'un dialogue régulier après chaque cycle de négociations ». On y trouvait des élus et des représentants d'entreprises, mais aucun représentant des syndicats ou associations, malgré des demandes répétées. Pas une personne de ce comité n'avait un avis critique sur le sujet – sauf une, Yannick Jadot, député européen, qui a décidé en représailles de ne pas y participer. Depuis, ce comité s'est tout de même ouvert, parce que la société civile a fait pression.

Intéressons-nous à présent à la Commission européenne. Une ONG bruxelloise, Corporate Europe Observatory, a scrupuleusement étudié les 130 rendez-vous que la Commission a pris pour discuter avec les parties prenantes de l'accord avant que les négociations soient lancées : 119 concernaient des transnationales ou des lobbies industriels de premier plan. Dans le même temps, les citoyens, leurs organisations, les élus n'ont pas accès aux informations de base. Ainsi, le mandat de la Commission européenne n'a pu être connu que grâce à des fuites, dès l'été 2013, et n'a été officiellement rendu public que le 9 octobre 2014. Il est impossible à l'heure actuelle de connaître les positions de part et d'autre au fur et à mesure des négociations et selon les sujets. Même le cabinet du ministre français du Commerce extérieur, que j'ai pu rencontrer à plusieurs reprises à ce propos, ne semblait pas disposer de toutes les informations requises.

Seuls les négociateurs de la Commission européenne savent exactement ce qui est en train d'être négocié. Leur argument est chaque fois le même : pour bien négocier, il faut garder secret ce que l'on met sur la table. Mais pourquoi des documents européens, déjà délivrés aux négociateurs américains, restent-ils toujours secrets pour les citoyens et élus européens ? En réalité, le contenu de ces négociations apparaît explosif ; le dévoiler au grand public mettrait gravement en danger l'accord transatlantique. Comme l'écrivit Susan George à propos de l'Accord multilatéral sur l'investissement, finalement rejeté en 1998 après que des ONG eurent alerté l'opinion publique, l'accord transatlantique est semblable au comte Dracula : il meurt dès qu'on l'expose à la lumière.

Une « réduction substantielle des tarifs douaniers »

Bien des domaines sont concernés par l'accord transatlantique : les services publics, l'environnement, la finance, les logiciels libres, ou encore l'agriculture et l'alimentation, qui représentent un morceau de choix pour illustrer ce que peut bien contenir cet accord. Commençons par les protections aux frontières. Le mandat donné à la Commission européenne par le Conseil des ministres européens du Commerce du 14 juin 2013 appelle à une « réduction substantielle des tarifs douaniers ». Or, ces droits de douane entre Union européenne et États-Unis restent élevés dans un secteur comme l'agriculture et sont souvent nettement plus importants côté européen, en particulier sur les céréales, le sucre et les viandes, ou même les produits laitiers et les alcools, dont la libéralisation des marchés serait selon la Commission européenne favorable à l'Union. Les droits de douane moyens[1]

1. Données CEPII. Ces droits de douane *ad valorem* (en pourcentage de la valeur des produits) prennent en compte les droits de douane préférentiels, les contingents tarifaires et les équivalents *ad valorem* pour tous les

s'élèveraient ainsi à 7 % côté États-Unis, mais à 13 % côté Union européenne. Pour des produits comme les carcasses congelées de viande bovine, par exemple, les droits de douane se révèlent plus de quarante fois supérieurs à ceux des États-Unis[1].

Ces droits de douane permettent à l'Union européenne de se protéger d'un taux de change plus favorable pour les productions états-uniennes. Ils permettent surtout de se protéger vis-à-vis d'une agriculture états-unienne plus industrielle et plus « compétitive », du fait de la médiocrité de certaines protections sociales et environnementales et d'une restructuration agricole plus importante outre-Atlantique : au-delà des grandes différences au sein même des deux zones, une exploitation dans l'Union européenne fait environ 13 hectares, contre 170 aux États-Unis. Sur 1 000 hectares, on emploie 57 personnes dans l'Union européenne, contre

droits de douane non *ad valorem*. Ces calculs comportent certaines limites, que je ne développe pas ici.

1. J. Berthelot, « La folie d'intégrer l'agriculture dans le projet d'accord transatlantique », note de travail, Solidarité, http://agriculture.eelv.fr/folie-furieuse-dintegrer-lagriculture-dans-laccord-de-libre-echange-transatlantique/, 2013.

6 aux États-Unis. La terre et surtout la main-d'œuvre sont souvent bien moins chères outre-Atlantique, où l'on a su profiter des économies d'échelle et, dans certaines régions, de travailleurs immigrés à très bas salaires. En blé et maïs, les régions de *corn belt* et *wheat belt* aux très grandes exploitations ultra-mécanisées présentent des rendements et des avantages compétitifs qui défient toute concurrence[1]. L'Union européenne aurait-elle une compétitivité éprouvée pour les produits agricoles et alimentaires face aux États-Unis, comme le prône la Commission européenne pour mieux faire passer cet accord auprès des gouvernements et des populations ? Même FoodDrinkEurope, la Fédération des industries agro-alimentaires européennes, affirme : « Considérant que le niveau tarifaire de la majeure partie des exportations aux USA de produits alimentaires et boissons est déjà tout à fait bas, nous pensons que l'industrie alimentaire et de boissons de

1. Voir à ce propos S. Devienne, « Évolution de la politique agricole des États-Unis et conséquences sur les systèmes de production en grande culture », *op. cit.*, ou encore J.-C. Kroll, « La politique agricole des États-Unis : quels enseignements pour l'Union européenne ? », communication à l'Académie d'agriculture de France, 2014.

l'UE dans son ensemble a relativement peu à gagner à un démantèlement tarifaire. »

Que se passerait-il si ces droits de douane étaient démantelés ? Face aux produits agricoles états-uniens, notre propre agriculture n'aurait d'autre possibilité que de s'engouffrer encore davantage dans un modèle agro-exportateur néfaste pour l'environnement et l'emploi. La Commission européenne reconnaît elle-même que les États-Unis souhaitent écouler une plus grande partie de produits alimentaires de base comme le blé et le soja.

Cela accentuerait encore les déséquilibres commerciaux et renforcerait en Europe le modèle d'alimentation animale maïs-soja, au détriment des prairies et des protéines européennes. Les perspectives de promotion des circuits courts, de la relocalisation des activités agricoles et de l'agriculture paysanne seraient considérablement menacées. Un tel accord rendrait caducs les maigres efforts menés par l'Union européenne pour légitimer sa politique agricole commune autour de pratiques plus écologiques et de produits de qualité. Les exploitations en viande bovine seraient certainement les plus touchées. Or, beaucoup de ces exploitations présentent tout particulièrement des effets positifs sur l'environnement et l'emploi.

Ce démantèlement des droits de douane aura enfin des conséquences pour les pays du Sud, en particulier les pays les moins avancés (ou PMA) : des dispositions préférentielles ont été prises, grâce auxquelles ils peuvent exporter vers l'Union européenne avec des droits de douane nuls. Mais ces préférences tarifaires se verront nettement érodées, puisque les États-Unis pourront exporter également vers l'Union avec des droits de douane quasi nuls.

Une telle libéralisation des marchés est déjà effective dans un autre accord en passe d'être ratifié, l'accord entre l'Union européenne et le Canada. On connaît, grâce à une fuite, depuis le 13 août 2014 le contenu de sa version finale. Il doit supprimer plus de 90 % des droits de douane agricoles. Il va faciliter nos exportations de fromage européen – ce qui inquiète grandement les producteurs laitiers canadiens. Mais il va offrir également un plus large accès au marché européen pour les producteurs de bœuf canadiens, qui bénéficient quant à eux de normes sanitaires et environnementales moins contraignantes. Tout cela n'est qu'un avant-goût, puisque l'accord entre Union européenne et États-Unis est censé aller encore plus loin dans la suppression des protections aux frontières.

Éliminer les « autres restrictions au commerce des biens »

Concernant l'accord transatlantique, les droits de douane ne. sont pas le volet principal des négociations. La Commission européenne souhaite surtout éliminer les « autres restrictions au commerce des biens », autrement dit les règles ou normes sanitaires, environnementales ou sociales qui prévalent pour la production ou l'échange d'un produit, et que la puissance publique a instituées pour protéger les citoyens. L'ONG américaine IATP et les Amis de la Terre Europe font état de nombreuses pressions déjà exercées par les multinationales, notamment américaines, auprès des décideurs publics dans le cadre des négociations transatlantiques. Le représentant américain au Commerce, Michael Froman, plaide pour que les réglementations européennes s'alignent sur celles qui régissent l'agro-industrie américaine. Il est appuyé par certains États membres, comme le Royaume-Uni, dont le Premier ministre David Cameron a déclaré : « Tout doit être sur la table. Et nous devons nous attaquer au cœur des questions réglementaires, de façon qu'un produit accepté d'un côté de l'Atlantique puisse immédiatement entrer sur le marché de l'autre. »

L'Union européenne et les États-Unis présentent en effet de fortes différences de normes sanitaires, environnementales et de bien-être animal. Et le risque est grand d'une harmonisation vers le bas. La Commission européenne se positionne d'ores et déjà pour que « les mesures sanitaires et phytosanitaires [SPS] soient revisitées », de façon que « les SPS de chaque côté soient fondées sur la science et les standards internationaux », et avec l'objectif de « minimiser les effets négatifs des mesures SPS sur le commerce ». Ces formulations font craindre le pire pour le principe de précaution, non reconnu par les États-Unis, mais qui figure dans les traités européens. Dans l'Union européenne, ceux qui souhaitent introduire de nouveaux produits ou procédés de fabrication doivent faire la preuve de leur absence de risque. S'il y a controverse scientifique, alors le principe de précaution peut s'appliquer. Au contraire, aux États-Unis, tant que la preuve formelle de la nocivité de ces produits ou procédés n'est pas établie, en particulier pour la santé humaine, on ne peut en restreindre la production et les échanges.

Dans l'Union européenne, ce principe de précaution s'applique aux OGM : ils sont soumis à une procédure d'autorisation, avec une évaluation des risques obligatoire réalisée par la puissance publique. Aux États-Unis, les produits OGM sont considérés comme « substantiellement équivalents » aux produits non OGM et ne requièrent pas d'évaluation de ce type. La liste américaine des OGM autorisés à la culture, à l'élevage et à la consommation animale et humaine est ainsi sans commune mesure avec celle de l'Union européenne. Après les cultures, la Food and Drug Administration est d'ailleurs sur le point d'accepter la production et la vente d'animaux génétiquement modifiés : par exemple, le saumon OGM, déjà commercialisé au Canada par la société Aquabounty et qui, grâce à une double modification génétique, peut grossir bien plus que ses congénères non OGM.

Selon une étude réalisée par le Parlement européen[1], il existe dans le cadre de l'accord

1. Policy Department Economic and Scientific Policy, European Parliament, *op. cit.* « Legal implications of the

transatlantique des risques importants d'affaiblissement des procédures d'autorisation des OGM exportés vers l'Europe. La liste des OGM autorisés à la consommation – une cinquantaine actuellement, en maïs, coton, soja et colza essentiellement – en serait considérablement élargie. Des risques pèsent également sur les variétés autorisées à la culture sur le sol européen – pour l'instant, uniquement le maïs MON 810 – et sur les interdictions pures et simples des cultures d'OGM émises par certains États membres, dont la France. Tous ces risques sont d'autant plus sérieux que les industries de biotechnologie américaines en ont fait clairement leur objectif numéro un dans les négociations : la Biotechnology Industry Organization proteste ainsi vigoureusement contre les différences de normes qui persistent entre les États-Unis et l'Union européenne, et exige « l'élimination des retards injustifiés dans le traitement de nos demandes pour introduire de nouveaux produits biotechnologiques ». De façon générale, le gouvernement américain souhaite abaisser le seuil de tolérance de traces d'OGM dans les aliments. Enfin, les lobbies

---

TTIP for the Acquis Communautaire in the ENVI relevant sectors », http://www.ecologic.eu/10074.

industriels veulent remettre en cause l'obligation européenne d'étiqueter tout produit OGM, mais aussi annihiler les progrès accomplis en la matière dans une trentaine d'États américains.

La volaille désinfectée avec des solutions chlorées fait également partie des sujets de préoccupation, dans cette étude réalisée par le Parlement européen. Les États-Unis tentent en effet depuis longtemps d'obtenir la possibilité d'en exporter vers l'Union : tandis que celle-ci n'accepte que l'eau pour laver les carcasses de volaille pour des raisons sanitaires, les États-Unis autorisent différents produits de traitement contre les pathogènes. Les États-Unis ont déjà contesté cette interdiction d'exportation, qui leur a coûté des centaines de millions de dollars. Ils comptent sur l'accord en cours pour faire avancer le sujet.

D'autres règles publiques d'importance concernant les résidus de pesticides ou les additifs alimentaires pourraient se retrouver menacées dans cet accord. C'est le cas de l'interdiction dans l'Union européenne de l'usage de la ractopamine, additif alimentaire utilisé aux États-Unis dans l'alimentation animale pour stimuler la croissance et en modifier la qualité.

La ractopamine apparaît pourtant dangereuse pour le bien-être animal et la santé humaine dans de nombreux articles de recherche, ce qui a amené une très grande majorité de pays dans le monde à en interdire la production et l'importation. Le Codex alimentarius, qui sert de standard international alimentaire, a néanmoins accepté récemment un niveau minimum possible de ractopamine, après un vote à l'arraché témoignant des controverses sur la question. Ce qui offre de nouveaux espoirs à l'industrie de la viande dans le cadre des négociations transatlantiques : le Codex alimentarius serait en effet la référence pour les normes adoptées dans l'accord transatlantique, « à moins que l'importateur [l'UE, par exemple] n'émette des réserves » (voir à ce propos le document fuité de la Commission européenne adressé au Conseil, du 27 juin 2014)[1].

Ces craintes ne sont pas seulement des épouvantails brandis par les mouvements citoyens pour avertir des dangers de l'accord. D'ores et

1. http://www.iatp.org/files/2014.07_TTIP_SPS_Chapter_0.pdf. Voir également ce papier de l'ONG IATP : http://www.iatp.org/documents/analysis-of-the-draft-transatlantic-trade-and-investment-partnership-ttip-chapter-on-food.

déjà, en février 2013 et clairement dans l'optique d'un futur accord, la Commission européenne a temporairement autorisé l'entrée de bœuf américain rincé à l'acide lactique, ce qui est une revendication forte et ancienne des négociateurs outre-Atlantique.

En cas de réduction de 25 % de toutes ces normes ou « mesures non tarifaires » ajoutée à une suppression des droits de douane, selon une étude réalisée pour le Parlement européen[1], nous subirions une augmentation de 120 % des importations agro-alimentaires en provenance des États-Unis, avec une chute de la valeur ajoutée agricole de 0,5 % côté Union européenne. Comment faire passer un tel rabotage des normes sans susciter un tollé de la part des citoyens et au sein de la profession agricole ? Pour éviter de le faire au cours même des négociations, avant signature de l'accord, et d'encourir de graves protestations, les lobbyistes préconisent un abaissement des normes après signature, grâce à la mise en place de deux mécanismes.

1. « Risques et opportunités pour le secteur agro-alimentaire européen liés à un possible accord entre l'UE et les États-Unis », rapport pour le Parlement européen, 2014.

Le premier a pour nom romantique Investor-State Development Settlement (ISDS), ou mécanisme investisseurs-États. Il figure dans le mandat de négociation de l'accord transatlantique. Ce mécanisme permettrait à des multinationales de poursuivre directement l'Union européenne, des États ou des collectivités locales sous l'argument du non-respect de l'accord établi, et ainsi de contester de nombreuses réglementations protectrices des consommateurs ou des économies locales. Des experts « arbitres » délibéreraient alors indépendamment des juridictions publiques nationales ou communautaires.

Ce mécanisme est prévu dans l'accord entre Union européenne et Canada, qui est en passe d'être ratifié. Il est présent dans beaucoup d'autres accords de libre-échange, déjà conclus. Dans ce cadre, on trouve déjà de nombreuses plaintes de multinationales : plus de 500 sont aujourd'hui répertoriées[1]. Environ

1. Voir à ce propos le document traduit en français de Corporate Europe Observatory et du réseau Seattle to Brussels : https ://france.attac.org/nos-publications/notes-et-rapports-37/articles/une-declaration-transatlantique-des-droits-des-multinationales?id_rub=22&id_mo=1.

un tiers des conclusions connues des procès ont été en faveur des investisseurs. Certains États ont été condamnés à des amendes très dissuasives, se chiffrant en millions, voire en milliards de dollars. C'est le cas de l'État canadien, à la suite d'une plainte de la multinationale Lone Pine, dans le cadre de l'accord de libre-échange entre le Canada, les États-Unis et le Mexique : Lone Pine a demandé 250 millions de dollars de réparation pour des profits qu'elle n'a pu réaliser à cause du moratoire sur l'extraction des gaz de schiste mis en place par le Québec. Parfois, la seule menace d'une plainte de ce type a suffi pour voir des réglementations abandonnées ou affaiblies.

Le second mécanisme s'appelle le Conseil de coopération réglementaire[1], promu depuis longtemps par les lobbies des multinationales européennes et américaines – en particulier Business Europe et la US Chamber of Commerce – comme « plan B » : il est en effet possible que le mécanisme investisseurs-États ne passe pas dans l'accord transatlantique, face aux dénonciations d'ONG et aux réserves récemment exprimées par certains pays.

1. http://corporateeurope.org/trade/2013/12/regulation-none-our-business.

Le Conseil de coopération réglementaire existe lui aussi dans des accords de libre-échange impliquant les États-Unis, comme celui signé avec l'Australie. Il apparaît dans le mandat de négociation de l'Union européenne et a reçu dernièrement l'appui de l'ex-négociateur en chef, le commissaire européen au Commerce extérieur, Karel De Gucht. Dans un document rédigé par la Commission européenne, qui a fuité en décembre 2013, ce Conseil composé d'administrateurs européens et états-uniens aurait droit de regard sur toutes les normes à venir, comme sur les plus anciennes. Il serait chargé de prendre en compte les points de vue des « parties concernées » – dont les multinationales –, avant même la soumission de nouvelles normes aux procédures législatives des États. Il permettrait également à ces « parties concernées » d'être informées le plus tôt possible de tout projet de régulation.

Outre les droits de douane et les normes, un autre volet des négociations intéresse particulièrement des multinationales comme Monsanto, productrices de semences : les droits de propriété intellectuelle. L'objectif : obliger chaque agriculteur à se procurer ses semences auprès des multinationales, au lieu de les produire lui-même. Si l'on se réfère à l'accord entre Union européenne et Canada, tout agriculteur pourrait être poursuivi pour contrefaçon dès lors qu'il serait soupçonné de posséder de manière frauduleuse des semences d'une variété protégée par un brevet déposé par une entreprise. Ses biens et ses comptes bancaires pourraient être gelés. Tout acheteur de récoltes issues de ces semences pourrait se voir accuser de recel de contrefaçon. Or, les plantes génétiquement modifiées peuvent « contaminer » les champs des agriculteurs, qui risquent alors d'être poursuivis. En outre, l'Office européen des brevets accorde un nombre croissant de brevets sur les plantes, les animaux et d'autres organismes vivants, issus de méthode de sélection traditionnelle. Autant de variétés qui ne pourraient plus être utilisées par les agriculteurs, sous peine de lourdes sanctions. Travailler sur sa propre sélection et production de semences à la ferme deviendrait ainsi de plus en plus difficile, comme le suggère la bataille gagnée par Monsanto contre les agriculteurs colombiens dans le cadre d'un autre accord de libre-échange avec les États-Unis. Sous la pression de la multinationale, l'État colombien a dû détruire massivement les récoltes issues de semences produites à la ferme[1].

Une offensive conjointe des multinationales européennes et états-uniennes

Qu'on ne s'y trompe pas : les multinationales européennes ménagent elles aussi leurs intérêts dans cet accord. Ce n'est pas vraiment l'histoire de gentils Européens qui se feraient dominer par de méchants Américains. Il s'agit bien plus d'une offensive conjointe des multinationales des deux côtés de l'Atlantique.

Ainsi, Édouard Bourcieu, chef adjoint de l'unité en charge de la stratégie commerciale à la Commission européenne, déclarait clairement à l'été 2013 : « N'oublions pas que nous avons aussi des intérêts offensifs à défendre sur le volet agricole, afin de pouvoir exporter plus. » Les ONG américaines soulignent ainsi les pressions exercées par les exportateurs

1. Voir à ce propos la lettre publique signée par de nombreuses ONG et syndicats « Accords de libre-échange » : droits de propriété intellectuelle sur les semences ou souveraineté alimentaire, les parlementaires doivent choisir.

européens, par la voix de BusinessEurope ou des industries agro-alimentaires, pour affaiblir leurs lois votées en 2010 pour mieux prévenir les contaminations alimentaires, ou encore les niveaux de tolérance de présence de pathogènes dans les produits animaux, plus stricts outre-Atlantique. En effet, dans chaque région du monde s'expriment des différences culturelles vis-à-vis des risques alimentaires acceptés : les accords de libre-échange se proposent de gommer ces différences, ces préférences régionales, au nom du libre marché.

Les États-Unis bénéficient également de politiques d'encouragement d'achat de produits locaux par les écoles ou administrations publiques. Derrière, il y a une loi : le *Buy American Act*. Ainsi, un programme fédéral promeut les partenariats entre écoles et fermes locales, privilégiant des circuits courts et des produits de qualité. Autant de marchés auxquels les industriels européens ne peuvent accéder. C'est pourquoi le mandat de la Commission européenne menace ce type de politiques américaines, avec un argument : côté Union européenne, le droit de la concurrence empêche de privilégier explicitement des producteurs locaux, au nom de la concurrence libre et non faussée. Ainsi, une collectivité locale qui voudrait favoriser ses producteurs et les circuits courts pour ses cantines ne le pourrait pas – du moins légalement. Elle doit mettre en concurrence tous les producteurs, qu'ils soient de l'autre côté de la France, danois, espagnols, allemands ou états-uniens. Cette mise en concurrence obligée, les négociateurs européens souhaitent l'imposer aux États-Unis.

Enfin, pour faire passer cet accord transatlantique, sans qu'il apparaisse comme un cadeau aux multinationales, il fallait que la Commission européenne enrobe le tout de résultats économiques prometteurs pour toute la population. C'est ce qui fut fait : la Commission européenne s'est appuyée sur une étude du Centre for Economic Policy Research-London, qui a conduit la Commission à déclarer qu'« un accord ambitieux pourrait entraîner des millions d'euros d'économies pour les entreprises et créer des centaines de milliers d'emplois ». L'étude en question affiche une espérance de 0,21 % de PIB d'ici à 2027 dans le scénario qui semble le plus réaliste… soit 0,015 % de croissance par an. Ces résultats pseudo-scientifiques sont des plus faibles, et inférieurs à la marge d'erreur du modèle utilisé. Ils reposent sur des hypothèses éloignées de la réalité des marchés, qui ignorent les risques spécifiques à l'alimentation et à l'agriculture, traitées comme un secteur industriel classique. Ils mettent de côté les retombées environnementales et sanitaires extrêmement importantes qui pourraient découler de cet accord.

D'autres études concluent à l'inverse que l'accord transatlantique pourrait détruire des centaines de milliers d'emplois (130 000 rien qu'en France d'ici à 2025, selon une équipe d'économistes de la Tufts University aux États-Unis[1]), mais également engendrer des pertes nettes de produit intérieur brut et de salaires, une plus forte instabilité financière et un transfert de revenus des salaires vers les profits des capitaux.

L'accord transatlantique sera voté *in fine* à la fois par le Conseil européen et par le Parlement européen, ainsi que par les parlements nationaux si certains champs des négo-

1. « TTIP : European Disintegration, Unemployment and Instability », GDAE Working Paper n° 14-03.

ciations échappent aux compétences exclusives de l'Union. Le rapport de forces au Conseil et au Parlement européens est pour l'instant clairement en faveur de l'accord. Mais, peu à peu, de nombreux mouvements écologistes, paysans, syndicaux, de consommateurs, du secteur de la santé ou encore en lutte contre la financiarisation à outrance s'organisent, en France, dans les autres pays européens et aux États-Unis, pour contrer l'accord et son contenu. Ils ont réussi à dévoiler auprès d'une partie de la population le contenu de l'accord qui est sur la table et tentent d'en faire un débat de société. Ils ont obtenu de premières victoires, partielles mais concrètes, en termes de transparence des informations ou de remise en cause de certains aspects. Certains États membres ont ainsi exprimé leurs réserves sur le mécanisme investisseurs-États ; la Commission européenne, sentant le vent tourner, a lancé une consultation sur ce mécanisme et tente désespérément de le défendre.

Ces mouvements citoyens font le pari que, comme pour l'accord anticontrefaçon (ACTA) il y a quelques années, ou l'Accord multilatéral sur l'investissement (AMI) à la fin des années

1990, il est possible de faire basculer le rapport de forces au détriment du libre-échange et en faveur d'un commerce plus régulé, fondé sur la coopération et le progrès social et écologique.

Chapitre 4

D'AUTRES AGRICULTURES, D'AUTRES POLITIQUES SONT POSSIBLES[1]

Les débats publics auxquels je participe se soldent presque toujours par les mêmes questions dans la salle : mais alors, que peut-on faire ? Peut-on réellement agir à notre niveau ? D'ailleurs, peut-on espérer un vrai changement ? Ma réponse est oui, je pense toujours, profondément, qu'« un autre monde

1. Cette partie s'inspire, entre autres, de deux écrits précédents : G. Choplin, A. Strickner, A. Trouvé, *Souveraineté alimentaire : que fait l'Europe ?*, Syllepse, 2009 ; J.-M. Boussard, A. Trouvé (coord.), « Pour une nouvelle politique agricole et alimentaire », rapport pour le « Mouvement européen pour la souveraineté alimentaire et une nouvelle PAC », 2010.

est possible » et que ce qui paraît utopique à une époque peut se réaliser à la suivante.

Il y a des alternatives à l'agro-industrie

Un argument de poids est souvent brandi face à la critique du modèle agro-industriel : avec neuf milliards d'êtres humains en 2050, il faudrait augmenter partout où c'est possible la production agricole et, avec elle, les rendements, donc la taille des exploitations, les charges en engrais et pesticides, les machines, le nombre de bêtes par hectare… Or, le modèle de développement agricole des soixante dernières années dans les pays du Nord est-il vraiment reproductible à l'échelle du monde, tant sur le plan social qu'environnemental ? Les mêmes trajectoires tendant vers l'agro-industrie peuvent-elles être suivies par tous les pays ?

Pour nourrir la planète, on pourrait d'abord s'attaquer au gaspillage alimentaire : selon la FAO, un tiers de la production alimentaire serait gaspillé entre le champ et l'assiette, par manque d'infrastructures basiques de transport et de stockage dans les pays pauvres, parce que des distributeurs se débarrassent de leur surplus, parce que des consommateurs achètent trop ou dépassent les dates limites... Une bonne partie de ce problème pourrait être résolue avec des moyens financiers et d'information adaptés.

La FAO indique également qu'on produit en moyenne assez – du moins pour l'instant – pour subvenir aux besoins alimentaires minimaux dans le monde (pour être plus précise, la « disponibilité énergétique alimentaire moyenne » est supérieure aux besoins théoriques minimaux). Mais les divers rapports de la FAO insistent sur l'extrême inégalité de la répartition des disponibilités alimentaires. Dans certaines régions, les disponibilités moyennes sont bien inférieures aux besoins minimaux – ainsi dans beaucoup de pays d'Afrique subsaharienne, où plus du tiers de la population est dite sous-alimentée. Deux réactions sont possibles : selon la première, il faut pouvoir leur exporter davantage d'aliments – et, éventuellement, laisser ces pays pauvres se spécialiser quant à eux dans quelques créneaux d'export ; selon la seconde, il faut donner la possibilité à ces régions de davantage se nourrir elles-mêmes et, quand c'est possible, de développer leurs agricultures, en lien avec leurs écosystèmes.

L'histoire récente offre quelques enseignements : les plans d'ajustement structurel entamés à la fin des années 1980, qui reposaient sur la première idée, se sont soldés par une baisse de productivité agricole et une dépendance alimentaire accrue pour beaucoup de ces pays. Dépendance qui leur a coûté très cher au moment de la flambée des cours alimentaires internationaux de 2008 et 2009. La Banque mondiale elle-même est revenue à demi-mot sur les limites de ses politiques d'antan et la nécessité de soutenir bien davantage le développement des agricultures de chaque pays.

Et ce développement ne passe pas par des OGM ou autres biotechnologies hautement rentables pour quelques multinationales, mais par d'autres voies, en premier lieu par un minimum d'outils, de routes, d'équipements de stockage, d'entreprises de transformation. Ou encore par des hausses de rendement s'appuyant non pas sur une dépendance plus forte en énergie fossile, en eau ou en produits phytosanitaires, mais sur des techniques « agroécologiques ». Des agronomes comme Marc Dufumier proposent ainsi d'adapter les pratiques et les espèces cultivées aux écosystèmes et d'utiliser une meilleure combinaison des cultures et des élevages : recours à des légumineuses pour apporter de l'azote aux sols et rotations culturales, sélection des semences en fonction des contraintes agronomiques locales, épandage opportun de fumier et compost pour augmenter le taux de matière organique des sols, agroforesterie, couverture végétale maximale...

Faut-il également rappeler que les agrocarburants consomment déjà une part importante des terres cultivées ? Ou encore qu'une autre part de ces terres est utilisée pour l'alimentation du bétail ? Sur ce point se pose la question de nos modes de consommation dans les pays du Nord, plus riches en produits animaux et donc plus consommateurs de surface agricole pour un même nombre de calories apportées. Il faut être clair : si chacun s'alimentait comme le fait – en moyenne – un Européen ou un Américain du Nord, il faudrait plusieurs planètes pour nous nourrir. Notre mode de consommation alimentaire – tout comme notre mode de consommation énergétique – n'est donc pas reproductible à l'échelle mondiale. En somme, il nous faudrait consommer – toujours en moyenne – moins de produits animaux.

Avant donc d'appeler à la nécessaire augmentation de la production alimentaire, il faut rappeler tous ces autres facteurs qui jouent sur l'insécurité alimentaire et sur lesquels on peut agir. Il faut ensuite considérer toutes les solutions qui passent par des agricultures plus économes en énergies fossiles, en produits de traitement ou en alimentation animale, des agricultures plus favorables à l'environnement et à l'emploi. L'« Évaluation internationale des sciences et technologies agricoles au service du développement » (en anglais, l'IAASTD) a publié en 2008 les résultats d'une expertise collective de trois ans. C'est un groupe de 400 experts internationaux soutenu par une pléiade d'institutions internationales. Cette expertise insiste sur la nécessité de développer les circuits courts et l'agro-écologie reposant sur des connaissances fines de l'agronomie et des écosystèmes. Elle déplore par ailleurs l'insuffisance des recherches agronomiques prônant de nouveaux modèles de développement.

Ces systèmes de production devraient pouvoir reposer sur des exploitations familiales de petite et moyenne taille, plus facilement transmissibles et donc plus propices à l'installation de nouveaux paysans, moins exigeantes en capital mais davantage en travail. Ces exploitations ancrent des populations dans les zones rurales plutôt que dans des poches de pauvreté urbaines, minées par le chômage et croissant au rythme de l'exode rural. Elles peuvent dégager de meilleures marges et s'endettent moins, parce qu'elles sont plus économes et plus autonomes. De telles agricultures se développent, en France et ailleurs.

Parfois les agriculteurs résistent à l'agrobusiness grâce à une organisation robuste. C'est le cas des producteurs de lait transformé en fromage de comté, qui prouvent qu'on peut s'en sortir en produisant autrement. Ils sont sociétaires d'environ 200 coopératives fromagères et s'organisent dans une interprofession qui regroupe leurs coopératives, les affineurs et les industriels de la filière. C'est l'interprofession qui décide des volumes à mettre en marché, révisés chaque année pour mieux s'adapter à la consommation et éviter la surproduction. La production est encadrée par un cahier des charges qui donne des garanties quant à la qualité et au respect de l'environnement : limitations de la fertilisation et de l'achat d'aliments extérieurs, un minimum de superficie herbagère par vache, interdiction d'utiliser du soja génétiquement modifié... Chaque unité de transformation ne peut être située à plus de 25 kilomètres du lieu de production, obligeant à un maillage très dense de toutes ces petites coopératives.

Les producteurs de comté maîtrisent ainsi une grande partie de l'outil de transformation. Ils parviennent à dégager un meilleur revenu avec des structures plus petites et qui créent plus d'emplois. Dans un rapport de forces plus équilibré avec l'industrie agro-alimentaire, ils récupèrent bien plus de marge sur le produit final et bénéficient d'un prix stabilisé, déconnecté des cours du lait standard. Ainsi, en 2009, quand les producteurs de lait européens subissaient une chute vertigineuse des prix et que la révolte grondait, j'ai rencontré des agriculteurs et une filière de comté comme hors du temps : leur prix avait à peine bougé.

Relocaliser les activités

De multiples raisons conduisent à souhaiter relocaliser les activités pour faire tendre chaque territoire vers davantage d'autonomie alimentaire. Nous avons intérêt à diminuer les coûts écologiques des transports de marchandises. Nous avons également intérêt à mieux connaître les conditions dans lesquelles sont produits nos aliments, pour mieux juger des retombées sociales et écologiques de notre consommation et nous rendre ainsi plus responsables. Rapprocher le consommateur du producteur est une façon de mieux prendre conscience des contraintes naturelles de production – par exemple, se rendre compte que, chez nous, les tomates ne poussent pas en hiver, à moins de pousser sous serre chauffée.

À l'échelle internationale, la relocalisation des productions agricoles est une nécessité pour ne pas confronter entre eux des systèmes de production aux niveaux de développement très inégaux, avec des capitaux qui se déplacent là où les conditions sont les plus avantageuses : le libre-échange pousse inexorablement à l'harmonisation vers le bas des règles sociales, environnementales et fiscales. Ensuite, parce que le libre-échange est truqué en faveur des pays les plus puissants par le biais d'un vaste dumping, ainsi que des multinationales et des grands investisseurs, capables de faire la pluie et le beau temps sur les marchés et les prix.

Relocaliser les productions, c'est une nécessité pour assurer la subsistance de la planète. Il est illusoire de penser que les pays riches excédentaires pourront nourrir les pauvres des pays déficitaires. Pour une raison simple : les pauvres ne sont pas solvables ; ils n'auront jamais les moyens d'acheter les denrées nécessaires à leur subsistance, ni les OGM que leur propose généreusement Monsanto. Mais c'est le plus souvent dans les pays déficitaires, où prédominent les paysans pauvres, que se trouvent les plus grandes réserves de productivité. Passer de 10 à 20 quintaux de céréales à l'hectare permet de doubler la production avec des investissements modiques. À condition de donner aux paysans concernés la sécurité minimale dont ils ont besoin pour faire face aux échéances : protection contre le dumping des pays qui subventionnent massivement leur agriculture et protection contre l'instabilité des marchés. On ne peut investir durablement sans un minimum de sécurité des prix. C'est ce qu'ont fait les grandes puissances économiques de ce monde, pour éviter que l'instabilité internationale ne se propage sur leurs marchés domestiques.

Il faut donc protéger les frontières. Cependant, le protectionnisme et, avec lui, l'élévation des droits de douane ne peuvent constituer des réponses miracles et suffisantes. Comme je l'ai entendu dire par le philosophe Edgar Morin, il arrive souvent qu'on ne puisse répondre à un problème complexe par une solution simple... même si elle apparaît plus séduisante. Les droits de douane ne peuvent être la seule solution, et le libre-échange n'est pas la seule source de tous nos maux. C'est le capitalisme financier, fondé sur la rentabilité maximale des capitaux, qui est en cause dans son ensemble. Et les réponses doivent se situer aussi à ce niveau.

Prenons l'exemple de l'industrie agroalimentaire en France. Restaurer la protection aux frontières ne suffirait certainement pas. Pour maintenir leur rentabilité, les multinationales continueraient à augmenter la productivité du travail et à supprimer des emplois, non sans restreindre les salaires des travailleurs et absorber les concurrents. Sans réglementation stricte, elles continueraient à polluer. Elles continueraient à pressurer les prix payés aux producteurs et à pousser ceux-ci à se concentrer pour baisser les coûts de collecte. Au-delà de la protection des frontières, bien d'autres mesures devraient donc être prises par les gouvernements : une réduction et un partage du temps de travail afin de faire profiter les salariés des gains de productivité, l'interdiction ou du moins la pénalisation des délocalisations, la forte conditionnalité des aides publiques aux entreprises… Ou encore une vigoureuse incitation à la démocratisation des entreprises, avec une participation significative des salariés et des usagers aux conseils d'administration, la forme la plus aboutie étant la coopérative.

Ensuite, les droits de douane ne régleraient pas à eux seuls le problème principal des importations que sont l'énergie et les matières premières. Les réponses résident bien davantage dans une transition vers un modèle de développement beaucoup moins dépendant des ressources fossiles, misant sur l'efficacité, la sobriété et la recherche d'autres sources d'énergie. Ces réponses ont été dessinées notamment dans le scénario NégaWatt, association d'experts et de praticiens de l'énergie[1]. Dans l'agriculture, les réponses passent par l'abandon du modèle agro-industriel, avec des incitations publiques fortes à réorienter les systèmes de production. La relocalisation amènera éventuellement à abandonner une partie des exportations agricoles européennes, mais pourra diminuer notre dépendance énergétique. Elle pourra passer également par la résorption de nos plus gros déficits commerciaux, en restaurant par exemple une autonomie alimentaire des élevages en protéines, grâce au développement de prairies et de plantes légumineuses (tels la luzerne, le pois, la féverole, le lupin ou le soja – non OGM, bien sûr). La région Rhône-Alpes s'est lancée dans le soutien à ce type de démarches. Nous serions alors d'autant moins dépendants du soja importé. Relocaliser n'aboutit pas forcément à creuser la balance commerciale.

Enfin, élever les droits de douane ne règle pas le problème de l'Union européenne, espace

1. NégaWatt, *Manifeste NégaWatt. Réussir la transition énergétique*, Actes Sud/Colibris/Association NégaWatt, 2012.

de libre-échange : deux tiers des importations et exportations agro-alimentaires de la France se déroulent au sein de l'Union. Nous sommes dans un espace de libre-échange communautaire sans harmonisation sociale et fiscale – et avec une harmonisation environnementale et sanitaire discutable. Cela favorise le nivellement vers le bas des protections des consommateurs et des salariés (à l'instar des règles qui permettent le développement des travailleurs détachés) et de la fiscalité sur le « capital mobile » (les impôts sur les bénéfices des sociétés qui ne cessent de diminuer pour s'aligner sur les taux les plus faibles en Europe, par exemple).

Comment parvenir à trouver une solution ? Selon moi, en commençant par renforcer les politiques européennes, qui harmoniseraient vers le haut les règles sociales et fiscales. Ces politiques réagiraient, au moins comme les États-Unis, aux crises de marché et les réguleraient à nouveau. Elles mettraient en œuvre un budget public conséquent pour une réelle convergence économique, sociale et environnementale entre les pays. De telles politiques sont-elles applicables avec vingt-huit États membres ? Rien n'est moins sûr. Mais, d'ores et déjà, un gouvernement français qui déciderait d'une telle réorientation pourrait tenter des alliances avec d'autres pays, où l'on voit déjà émerger des mouvements importants de contestation des règles européennes actuelles sur des bases progressistes (je pense en particulier à la Grèce ou à l'Espagne). Ne pourrait-on envisager alors des « coopérations renforcées » entre certains pays européens, redéfinissant sur le long terme les frontières d'une Europe politique alternative, fondée sur la solidarité et le progrès social et environnemental ? La rupture avec l'Union européenne ne viendrait alors qu'en dernier recours, dès lors que toutes les tentatives de changer l'Europe politique auraient été épuisées[1].

Mais, même dans l'Union européenne d'aujourd'hui, de nombreuses politiques gouvernementales sont possibles pour relocaliser les activités. J'en ai cité certaines. J'en rajouterais une, qui a eu droit récemment à un enterrement de première classe : l'écotaxe. Certes, la façon dont elle a été conçue ne pouvait qu'attirer les foudres sur elle : une gestion assurée par un conglomérat privé, Ecomouv, qui se serait

1. Attac, Fondation Copernic, *Que faire de l'Europe ? Désobéir pour reconstruire*, Les Liens qui Libèrent, 2014.

attribué près du quart des recettes de la taxe, des autoroutes exemptées et donc indirectement favorisées, un manque de volonté politique pour accompagner le « transfert modal » vers le transport ferroviaire et fluvial, en plus d'une politique fiscale injuste qui continue de pénaliser les classes moyennes et précaires. Mais ce n'était pas une raison pour jeter le bébé avec l'eau du bain et enterrer cette mesure qui consistait à pénaliser les produits en fonction de leur distance, tout en reversant les recettes à des politiques de transition vers de nouveaux modèles de développement, et qui aurait pu être un moyen très efficace de relocaliser des activités.

Il apparaît donc clairement que la relocalisation implique la remise en cause de tout un pan de politiques publiques et de la façon dont fonctionne notre économie. Elle ouvre un champ immense d'alternatives, qui vont bien au-delà des questions agricoles et alimentaires. Ainsi conçue, elle se veut solidaire avec les autres pays du monde : il ne s'agit pas de se protéger contre la Chine, le Brésil ou l'Allemagne, mais contre le pouvoir des multinationales et des grands investisseurs financiers, quelle que soit leur nationalité. Car tous poursuivent le même objectif de rentabilité des capitaux investis, tous profitent de la dérégulation des marchés et de la mondialisation néolibérale.

C'est pourquoi les mouvements qui se créent pour relocaliser les activités, comme celui contre l'accord transatlantique ou pour la souveraineté alimentaire, ne doivent surtout pas se faire au nom de la protection des citoyens d'une nation ou d'une région, mais au nom de la protection des citoyens de tous les pays contre les multinationales et les grands investisseurs privés. Ces luttes sont d'autant plus fortes qu'elles arrivent à mobiliser dans les différents pays. Elles évitent de tomber dans un souverainisme national qui, au nom de la protection du peuple (français), appellerait à se protéger contre les autres peuples... flirtant ainsi avec les nationalistes en hausse dans certains pays européens. Il s'agit de répondre au besoin de protection des citoyens, à la volonté de préserver des ancrages territoriaux – fussent-ils multiculturels –, sans tomber dans le piège des régions et nations dressées les unes contre les autres.

Néanmoins, relocaliser ne signifie pas qu'il faut abandonner les solidarités internationales permettant aux pays plus pauvres de se développer. Beaucoup de mouvements militent aujourd'hui pour l'annulation de leur dette, contractée dans le passé pour des raisons très discutables que j'ai évoquées plus haut. Une relocalisation solidaire demanderait de fermer les paradis fiscaux, dans lesquels prospèrent des capitaux qui ont échappé à la fiscalité de pays tiers, dont des pays pauvres. Ou encore d'empêcher les opérations agressives d'accaparement des ressources étrangères par nos multinationales. Ainsi, le droit de se protéger – pour relocaliser – va de pair avec le devoir de coopération internationale et la volonté de stopper l'extension mondiale de nos marchés.

Une relocalisation solidaire impliquerait enfin de conférer à tous les pays le droit à la souveraineté alimentaire, ainsi qu'elle a été lancée par le mouvement paysan international Via Campesina au sommet de la FAO de 1996 : c'est à la fois le droit pour les populations et leurs États (ou unions) de définir leur propre politique agricole et alimentaire en fonction de leurs besoins, et le devoir de ne pas perturber les agricultures des pays tiers. Il s'agirait donc de laisser les zones régionales ou les pays qui le souhaitent protéger leurs frontières des produits importés à bas prix, de mieux contrôler les firmes agro-industrielles et de constituer des stocks publics minimums.

Ne pas perturber les agricultures des pays tiers : un tel objectif suppose de cesser les aides aux exportations, mais également de restaurer une coopération internationale dans les échanges commerciaux qui resteront inévitables, vu l'inégale répartition des populations et des terres agricoles. L'Alternative Trade Mandate Alliance, qui regroupe une cinquantaine d'associations et de syndicats, et qui est soutenue par 75 députés européens, plaide pour des instances multilatérales et démocratiques, intégrant dans le droit commercial le respect des droits humains fondamentaux.

En somme, on pourrait refonder l'OMC sur des bases complètement nouvelles et la soumettre aux Nations unies et aux droits écologiques, sociaux et politiques édictés dans sa charte. Une telle position conduirait évidemment à refuser et à dénoncer les accords passés et à venir de l'OMC telle qu'elle fonctionne, ainsi que les accords de libre-échange bilatéraux. Elle pourrait viser, comme ce fut le cas pendant les Trente Glorieuses pour certains produits, la coordination des exportations agro-alimentaires et des mécanismes de stabilisation des cours internationaux. Des prix minimums et des quotas d'exportations pourraient être assurés, en particulier pour les produits tropicaux, offrant ainsi une certaine stabilité et une meilleure valeur ajoutée à des pays qui en ont besoin pour se développer.

Changer la PAC[1]*... mais pas seulement*

Un danger menace la PAC aujourd'hui : sa renationalisation, c'cst-à-dire la perte de règles européennes au profit de règles nationales. Écartelée entre les perspectives divergentes de chaque État membre, cette « PAC à la carte » est une impasse. Soutenue par les pays les plus néolibéraux en la matière, en particulier le Royaume-Uni, elle est un moyen de se débarrasser des outils de régulation des marchés à une échelle européenne ou nationale, puisque l'Union restreint toute intervention des États membres, contraints par le droit de la concur-

1. Voir J.-C. Kroll, *Agriculture : changer de politique*, Syros, 1990 (malheureusement toujours d'actualité).

rence européen. Elle est aussi une façon de laisser au bon vouloir des États membres, voire des régions, la prise en compte des fonctions sociales et environnementales de l'agriculture, créant dans ce cas des différences importantes de traitement des agriculteurs dans un même espace de libre-échange.

Pour reconstruire une PAC forte, il faut d'abord s'interroger sur ses objectifs. On ne peut être que d'accord avec ceux fixés par la dernière réforme. Une production alimentaire viable, une gestion durable des ressources naturelles, un développement territorial équilibré. En lien avec les objectifs fixés dans le traité de Rome de 1957, on pourrait y ajouter un revenu agricole équitable pour les agriculteurs et des prix raisonnables pour les consommateurs. Face aux enjeux sociaux d'aujourd'hui, l'accès pour tous à une nourriture suffisante et saine, et le maintien de l'emploi. Ou encore la relocalisation des filières de transformation et de distribution, la diversité régionale des produits et des agricultures, la solidarité et la coopération avec les autres régions du monde.

Est-il normal que les agriculteurs aient à compter sur les aides publiques pour bénéficier de revenus décents ? Leur travail ne doit-il pas correspondre à des prix raisonnables, qui puissent leur permettre une rémunération équivalant en moyenne aux autres secteurs d'activité économique ? Dans ce cas, revenir à la PAC d'avant 1992 présente quelques avantages, avec des prix européens déconnectés des prix internationaux et avec des stocks alimentaires. Mais, pour ne pas replonger dans les surproductions de l'époque, il faudrait à nouveau réguler les volumes de production en restaurant par exemple les quotas laitiers, tout en tenant compte des limites du passé : des volumes maximums pourraient être alloués à chaque région en fonction d'un juste équilibre entre les potentialités agricoles et les besoins alimentaires de la population. L'objectif serait bien de tendre vers plus d'autonomie alimentaire et de diversification de l'agriculture de chaque région, et de contrer la spécialisation et la concentration des activités dans les zones les plus productives. D'autres mesures permettraient d'éviter des surproductions chroniques et, dans le même temps, de mieux protéger les ressources naturelles : réduction du nombre maximum d'animaux par hectare, renforcement de la directive nitrates, plafonds de rendements en vigne et en arboriculture...

Une telle option demanderait de rompre avec l'accord de l'OMC de 1994, et j'entends déjà hurler au centralisme bureaucratique. Mais c'est un système qui me paraît aujourd'hui mieux répondre aux enjeux de sécurité alimentaire : réguler les prix en amont est bien plus efficace que de s'adapter après coup à leur volatilité. Il semble cependant difficile à court terme d'envisager cette solution, à moins d'un profond bouleversement. Une seconde option consisterait à verser des aides en fonction des revenus des agriculteurs, donc en fonction des prix. Ces « aides contracycliques » sont pratiquées depuis le début des années 2000 aux États-Unis, qui ont bien compris l'absurdité de payer par hectare des producteurs au même montant et quelle que soit la conjoncture. En France, le syndicat des Jeunes Agriculteurs, entre autres, défend cette option. C'est tout à fait réalisable, même dans le cadre de l'Union européenne actuelle et avec un budget moyen identique, voire inférieur. Encore faut-il que les États membres en aient la volonté politique.

Toutefois, pour en faire de réels soutiens à l'emploi, il faudrait que les aides soient distribuées par actif agricole et non par hectare.

Dans l'objectif de maintenir les exploitations européennes et de freiner leur concentration, aucune ne devrait pouvoir toucher plus qu'un certain montant, par exemple 100 000 euros (ce qui est déjà énorme), comme le propose la coordination européenne Via Campesina. En cas de crise de marché, ces aides pourraient être conditionnées à un plafonnement de la production par pays et par exploitation.

En outre, on ne peut pas à la fois toucher des revenus décents grâce à l'action publique et continuer à polluer impunément. Pour percevoir les aides, les contraintes appliquées aux pratiques agricoles devraient être renforcées à l'échelle européenne (et non à l'échelle des États membres). C'est le cas de la rotation obligatoire, qui consiste à alterner différentes cultures au cours du temps sur une même surface, permettant de mieux lutter « naturellement » contre les insectes ravageurs, les maladies, les mauvaises herbes... Les Verts européens avaient ainsi proposé pour la dernière réforme une rotation obligatoire de trois cultures sur trois ans, dont une légumineuse pour tendre vers l'autonomie alimentaire en protéines. Cette proposition n'est pas passée.

Des aides plus importantes devraient être également versées dans les zones défavorisées, là où les coûts de production sont plus élevés, à ceux qui font de l'agriculture biologique, mais aussi aux prairies ou aux cultures protéagineuses afin d'accéder à une indépendance protéique. Il en est de même de la vente directe, des circuits courts ou des coopératives locales. La constitution des filières de qualité pourrait être davantage encouragée. Tout cela existe aujourd'hui dans le cadre du « deuxième pilier » de la PAC, mais ces mesures ne sont pas suffisamment incitatives. Enfin, l'approvisionnement par les circuits courts ou en produits biologiques dans toute la restauration collective (Éducation nationale, hôpitaux...) pourrait être beaucoup plus développé : ce serait le meilleur moyen de permettre à tous l'accès à une alimentation saine et locale.

Enfin, pourquoi ne pas s'inspirer des États-Unis, qui mènent depuis bien longtemps une politique alimentaire qui constitue la plus grande partie du budget de son ministère de l'Agriculture et qui bénéficie là-bas à un habitant sur cinq ? Ce sont des bons d'alimentation gratuite à utiliser dans des magasins agréés, ou encore une aide ou une offre de repas dans les cantines scolaires. Sans aller jusque-là, une politique alimentaire européenne inspirée de celle-ci pourrait à la fois répondre à la demande « non solvable » et orienter la production vers la qualité, par un choix judicieux des produits distribués (par exemple, des fruits et légumes en production biologique). Bien d'autres politiques pourraient être mises en place, à une échelle nationale ou locale, en matière de conseil agricole, de recherche et de développement. Mais également dans le domaine du foncier, afin d'encourager l'installation de nouveaux agriculteurs et la transmission des exploitations, une politique de régulation des marges des grands transformateurs et distributeurs qui profitent de leur position dominante sur les marchés.

Toutes ces propositions peuvent paraître complexes et techniques. J'ai souhaité néanmoins les développer pour démontrer qu'il est tout à fait possible de produire et de consommer autrement, en choisissant d'autres politiques publiques. Nous avions défendu ces propositions, avec bien d'autres économistes et agronomes européens, dans un rapport diffusé lors du débat sur la dernière réforme de la PAC. Rapport commandité par le Mouvement européen pour la souveraineté alimentaire et une nouvelle PAC, réunissant de nombreux mouvements paysans, réseaux et associations européennes d'environnement, de consommateurs, de solidarité internationale... Nous avons pu présenter ces propositions lors de la grande conférence publique de la Commission européenne de 2010. Elles me semblent susceptibles – du moins dans les grandes lignes – de réunir un grand arc d'organisations représentant le monde professionnel ou des citoyens. Certaines demanderaient de profonds changements dans l'Union européenne, d'autres peuvent tout à fait être mises en œuvre lors de la prochaine réforme de la PAC. En tout cas, je suis convaincue que c'est d'abord une affaire de volonté politique.

Pourtant, changer les politiques agricoles et alimentaires ne suffirait pas pour répondre à l'ensemble des enjeux que j'ai évoqués. Ainsi, face au développement des spéculations sur les marchés à terme agricoles, c'est toute une régulation des marchés financiers et des banques qu'il faudrait remettre en place. Lors du débat sur la réforme bancaire française, début 2013, nous proposions au sein d'Attac vingt mesures susceptibles de désarmer les banques et investisseurs financiers. Nous demandions, entre autres, d'interdire aux banques toute opération purement spéculative sur les marchés de produits dérivés sur les matières agricoles. Or, les lobbies des grandes banques françaises ont malgré tout réussi à s'imposer : selon Frédéric Oudéa lui-même, PDG de la Société générale, la réforme ne concerne que 1 % du chiffre d'affaires de la multinationale.

Une autre mesure beaucoup plus générale a été portée par Attac dès sa création, afin de désarmer les marchés financiers : la taxe sur les transactions financières. Imaginée par John Maynard Keynes dès 1936, elle a été reprise par le Prix Nobel d'économie James Tobin dans les années 1970 pour « jeter des grains de sable dans les rouages trop bien huilés de la finance internationale ». Chaque jour, 6 000 milliards de dollars s'échangent sur les marchés financiers internationaux. Taxer ces échanges ne serait-ce que de 0,05 % permettrait de dégager de 500 à 1 000 milliards d'euros par an : c'est ce qu'ont demandé les Nations unies lors du sommet de Rio de 1992 pour un développement durable sur la planète. Taxer ces échanges ralentirait leur rythme effréné et dissuaderait la spéculation, inutile et dangereuse.

La Commission européenne a présenté en 2011 un projet de taxe à 0,1 % sur les actions et obligations, et à 0,01 % sur l'ensemble des produits dérivés. On aurait pu dégager ainsi une cinquantaine de milliards d'euros par an, presque la moitié du budget européen actuel. C'était un pas considérable pour désarmer les marchés financiers. Trop considérable, sans doute, pour les vingt-sept gouvernements européens de l'époque puisque, sous la pression du Royaume-Uni, de la Suède et du Luxembourg, le projet a été retoqué. Qu'à cela ne tienne, les espoirs se sont tournés vers la France : le président de la République actuel et le précédent n'avaient-ils pas annoncé qu'ils souhaitaient ardemment cette taxe ? Onze pays européens ont constitué une « coopération renforcée » pour reprendre le projet de la Commission. Mais les banques françaises ont pesé de tout leur poids pour stopper une mesure qui aurait attaqué leurs intérêts : le gouvernement français a freiné des quatre fers, face à l'Allemagne et à la Commission européenne, bien plus volontaristes. Au final, seule une toute petite partie des transactions devrait être (très faiblement) taxée, épargnant presque tous les produits dérivés... qui sont pourtant l'essentiel des spéculations financières et dont font partie celles sur les matières premières agricoles.

L'émergence des mouvements, du local au global

Au début du siècle dernier, l'écrivain et révolutionnaire italien Antonio Gramsci expliquait de sa prison à quel point l'hégémonie d'une classe sociale tient à sa domination culturelle et intellectuelle. Ceux qui dominent un système économique ont besoin d'imposer leurs valeurs et de justifier le fait qu'ils sont des privilégiés. Ils mènent une « guerre de position » idéologique et morale, de longue durée. Dans cette guerre de position, Pierre Bourdieu soulignait le rôle considérable des experts de l'économie, qui ont réussi, aux côtés de responsables politiques, à imposer une pensée néolibérale.

Une économie « orthodoxe », fondée sur la théorie néoclassique la plus pure, s'est imposée dans les universités et les écoles, comme dans les médias. Elle met de côté les défaillances et les crises de marché, les implications environnementales et sociales, ou l'analyse des rapports de pouvoir. Elle vide l'économie de sa richesse, faute d'une diversité suffisante de diagnostics et de propositions. Elle accapare une bonne partie des publications dans les revues les mieux classées, des recrutements dans les universités et les écoles, des financements et des postes les plus prisés dans les instances de décision scientifiques. En réaction, s'est constituée l'Association française d'économie politique, pour « la circulation d'idées et le renforcement du pluralisme en économie » : un combat difficile, même s'il est rejoint par plusieurs centaines de chercheurs.

Certes, on pourra dire que, depuis la crise économique de 2008, beaucoup d'économistes « orthodoxes » reconnaissent davantage ce qu'ils appellent des « défaillances de marchés ». Mais celles-ci peuvent, selon eux, être rectifiées avec des aménagements à la marge. Ainsi, en agriculture, ils plaident pour une redistribution des aides vers les pratiques environnementales, pour plus de coordination entre producteurs ou pour mieux les aider à souscrire des assurances privées. Mais ils ont totalement accepté la domination des lois du marché et de la finance. Ils ne proposent pas un réel retour de la puissance publique dans la régulation des prix et des productions, et dans la distribution des richesses. Et jamais ils ne remettent en cause la logique profonde du capitalisme financier : l'exploitation du travail et de la nature au service de la rentabilité des capitaux.

Ainsi, une pensée dominante, servant les intérêts des multinationales et des investisseurs financiers, s'est largement imposée dans le champ économique, sans rencontrer (pour l'instant) d'opposition suffisamment forte. Ces intérêts sont également dûment représentés par des armadas de lobbyistes à Bruxelles qui se substituent à la démocratie représentative. C'est le cas de FoodDrinkEurope, qui représente les industries agro-alimentaires européennes. La possibilité de faire du lobbying est une question de moyens, car il faut pouvoir rémunérer ces gens à la hauteur de leurs exigences, disposer de bureaux pour les loger, organiser des colloques prestigieux où l'on invite des responsables européens… C'est plus difficile quand on est une petite organisation paysanne, une association de consommateurs ou de solidarité internationale, qui ne peut souvent compter que sur les contributions de ses bénévoles et militants (même si, il faut le reconnaître, certaines organisations environnementales ont acquis des moyens et une influence non négligeables).

Face aux multinationales et aux investisseurs financiers, face aux lois du marché qui s'imposent concrètement, culturellement, idéologiquement, des individus et des collectifs résistent, qu'ils soient associatifs, syndicaux, politiques ou intellectuels, qu'ils soient organisés ou spontanés. Chacun contribue de façon différente à cette contestation. Durant ces dix années passées à militer dans l'association Attac et dans le mouvement altermondialiste, j'ai eu la chance d'en découvrir l'énorme richesse, que ce soit en France, dans des luttes de tous les jours ou dans des forums sociaux mondiaux et des contre-sommets du G8, du G20...

Mais c'est dans les mobilisations pour une autre agriculture et dans les centaines de débats auxquels j'ai participé que j'ai croisé la plus grande multiplicité d'identités et de cultures : consommateurs, écologistes, paysans, habitants ou usagers des campagnes, militants de la solidarité internationale, associations de commerce équitable, comme Artisans du Monde, de circuits courts, comme les AMAP, de rachat et de mise à disposition des terres à de petits producteurs, comme Terre de Liens ou Terres fertiles en Île-de-France, organisateurs de foires bio où convergent des dizaines de milliers de personnes... Ces mouvements vont des organisations paysannes et des grandes ONG les plus établies, comme le CCFD, aux militants investis dans la désobéissance civile, tels les faucheurs d'OGM et, aujourd'hui, ceux qui réquisitionnent des terres.

Au sein du secteur agricole, les choses bougent, et ça ne date pas d'aujourd'hui. Des syndicats comme la Confédération paysanne ou des organisations de producteurs en bio refusent l'agro-industrie promue par la FNSEA. Au niveau européen, la Coordination européenne Via Campesina ou l'European Milk Board dénoncent la mise en concurrence effrénée. L'agriculture française est riche d'une multitude de coopératives locales. Des centres de conseil, de formation, d'expérimentation se montent pour diffuser d'autres façons de produire. C'est le cas du réseau des CIVAM, qui existent en France depuis cinquante ans. Ou encore de ces producteurs basques qui, en 2005, constituaient une alternative à la chambre d'agriculture départementale : il s'agissait de mieux prendre en compte les besoins des petites exploitations d'élevage de montagne, qui représentent la plupart de l'agriculture basque. Euskal Herriko Laborantza Ganbara (ou chambre d'agriculture du Pays basque) est fortement soutenue par la population locale. Elle organise chaque année un Salon de l'agriculture, Lurrama, qui donne à voir un tout autre visage que celui auquel nous sommes habitués, à la Porte de Versailles de Paris.

L'agriculture était l'affaire des agriculteurs et du ministère de l'Agriculture. Elle devient l'affaire des citoyens. Dans les négociations européennes sur la PAC, plusieurs réseaux d'organisations se sont constitués pour peser sur les décisions prises, à l'image d'ARC 2020 ou de la Plate-forme européenne sur la souveraineté alimentaire. Bien d'autres initiatives émergent, en France et en Europe, pour fédérer les innombrables initiatives locales. En 2011 était lancé à Krems, en Autriche, un forum européen pour la souveraineté alimentaire : « Nous faisons appel aux personnes et mouvements sociaux en Europe pour s'engager, avec nous, dans toutes nos luttes pour prendre le contrôle de nos systèmes alimentaires et construire le mouvement pour la souveraineté alimentaire en Europe[1]. » À Berlin, chaque année en janvier, des dizaines de milliers de personnes manifestent pour l'agriculture paysanne, en marge du Salon de l'agriculture. Les Allemands ont d'ailleurs créé une vaste coalition d'organisations paysannes et citoyennes, Agrarbündnis, comptant au total plus d'un million de membres. Ils produisent régulièrement un *kritische Agrarbericht*, pour contrer le rapport annuel du ministère fédéral allemand de l'Agriculture.

En Allemagne, certains se battent contre une agro-industrie de plus en plus vouée à l'exportation. En Grèce, d'autres luttent pour survivre et s'alimenter à moindre coût en court-circuitant les gros négociants et les grandes surfaces qui imposent des marges insupportables : sur place, j'ai pu rencontrer des mouvements de consommateurs qui remettent en place dans de nombreuses villes grecques des marchés, des coopératives locales, des points de vente de producteurs locaux. Le « mouvement des patates » a ainsi montré qu'on pouvait vendre des pommes de terre et beaucoup

1. http://www.nyelenieurope.net/en.

d'autres aliments bien moins cher directement aux consommateurs, dans les rues, avec un prix décent pour les agriculteurs. Le gouvernement a tenté de rendre illégal ce mouvement, mais il perdure. Avec la crise sociale qui s'abat sur la population et les jeunes, dont la plupart sont au chômage, la terre est un refuge. Des réseaux d'échanges de semences ou des formations gratuites à l'agro-écologie se développent pour cultiver ses jardins. C'est parce que de nouvelles populations se sont mises à fouiller les poubelles pour trouver une nourriture qu'ils ne peuvent plus s'acheter, que des cuisines collectives, avec des repas gratuits préparés par des habitants, se sont montées dans certaines villes[1]. Sur fond de crise, la société grecque se réapproprie son agriculture et son alimentation, et par là une forme de dignité.

Retour en France. Des luttes concrètes s'implantent durablement. À Dijon, où j'ai commencé à militer, plusieurs hectares sont aujourd'hui occupés illégalement, avec le soutien d'associations et de nombreux habitants,

1. R. Mitralias, « Du champ à l'assiette, en Grèce les initiatives se multiplient ! », site autogestion.asso.fr, 2013.

pour cultiver des jardins collectifs, arrachés à l'urbanisation. Dans ce lieu, les Lentillères, ouvert sur le reste de la ville, où s'organisent un marché à prix libre, des concerts ou des pique-niques, les militants s'affichent solidaires de la ZAD (zone à défendre) de Notre-Dame-des-Landes[1]. Et les mêmes zadistes de Notre-Dame-des-Landes soutiennent ceux qui s'opposent au barrage de Sivens ou à la ferme des 1 000 vaches. Ainsi se crée un véritable réseau de solidarité entre des militants de générations et de cultures différentes, tous réunis dans une lutte contre l'agro-industrie et pour préserver des agricultures alternatives.

En France, comme ailleurs, des alternatives locales et concrètes pointent leur nez un peu partout, autour du désir d'agriculture paysanne, de relocalisation et de circuits courts alimentaires. Mais une question subsiste : ces alternatives locales et concrètes, ces quelques victoires, sans doute déterminantes pour la suite, peuvent-elles déboucher sur un changement décisif des rapports de force et sur de

1. Y. Sencébé, « Empaysannement de luttes urbaines : quand la défense de la terre nourricière s'invite au cœur des villes », *Pour*, n° 220, 2013.

nouvelles politiques qui puissent enfin inverser le cours des choses ?

Les AMAP, par exemple, sont au nombre de 300 en France et rassemblent plus de 30 000 adhérents. C'est un moyen de court-circuiter les grandes entreprises de l'agroalimentaire et de la distribution, un moyen de choisir son alimentation, de recréer du lien avec les paysans et de leur assurer un revenu décent. Bien souvent, ces consommateurs ne dépensent pas davantage pour leur alimentation, parce qu'ils changent leur régime alimentaire (moins carné) et leurs achats (produits moins transformés). Beaucoup y vont donc pour consommer autrement, et c'est déjà beaucoup.

Mais, au-delà d'une démarche d'« alter-consommation », comment en faire un levier de transformation du modèle de production dominant ? Comment faire en sorte que cette structure ne reste pas cantonnée à une petite partie de la population, bien informée et qui baigne dans un milieu socio-culturel qui favorise ces démarches ? Rendre cette « alter-consommation » accessible à chacun implique à mon avis de « politiser » – au sens noble du terme – encore davantage ce type de démarche : y associer des revendications globales, converger avec d'autres initiatives pour changer le rapport de force face à l'agro-industrie. Car seule une transformation de la PAC, de la politique commerciale et de tout un ensemble de politiques pourra permettre à ces alternatives de passer d'une agriculture et d'une alimentation de niche à un modèle dominant.

Enfin, comme le formulait l'agronome René Dumont : « C'est un seul et même système qui organise l'exploitation des travailleurs et la dégradation de vie qui met en péril la terre entière. La croissance aveugle ne tient compte ni du bien-être ni de l'environnement. » Les mouvements pour d'autres agricultures et d'autres alimentations comportent en eux ce qui devrait porter les mouvements de demain : le rassemblement des revendications écologiques et sociales. Car, face à l'urgence environnementale, on ne peut plus penser les sociétés et leur devenir sans aborder de façon centrale la manière dont nous résoudrons le réchauffement climatique, la chute de la biodiversité, la pollution de l'eau, de l'air et des sols. On ne peut plus penser l'écologie comme une question de riches : les premières victimes sont les travailleurs exposés aux risques environnementaux, ceux qui n'ont pas les moyens ou l'information pour s'acheter une alimentation de qualité, les paysans du Sud touchés par les désastres climatiques...

Un mouvement progressiste, qui défend l'accès aux droits humains fondamentaux partout dans le monde, doit défendre la sobriété et la diminution de notre production et de notre consommation énergétique et matérielle. En effet, cette production et cette consommation ne sont plus reproductibles à l'échelle de la planète, au vu des limites écologiques que nous connaissons. Elles ne sont rendues possibles que par la spoliation des ressources au Sud par les pays riches. Ce sont d'ailleurs ces mêmes peuples qui ont porté cette question au Forum social mondial de Belem en 2009, et ce à travers l'appel des indigènes : « Nous appartenons à la Terre Mère, nous n'en sommes ni propriétaires, ni pillards, ni vendeurs, et aujourd'hui nous avons atteint un tournant. Le capitalisme impérialiste s'est révélé être non seulement dangereux en raison de la domination, de l'exploitation, de la violence structurelle, mais aussi parce qu'il nous tue, nous et la Terre Mère, et conduit la planète à un suicide qui n'est ni utile ni nécessaire. »

Tous ces mouvements, par leur diversité, me semblent indispensables au changement. L'histoire nous montre également que les lames de fond insurrectionnelles ne se commandent pas et peuvent surgir d'un moment à l'autre. Mais les conditions de leur surgissement se préparent et nous pouvons y travailler, chacun à notre niveau, à notre façon. Ce changement ne peut se produire que par une longue transformation culturelle qui se joue dans les résistances et les pratiques concrètes, par une pression sans relâche des luttes sociales et écologistes hors des stratégies électorales de court terme. Nous sommes dans le temps de la résistance et de l'expérimentation d'un nouveau modèle de développement. Ce temps est fondateur et engage notre avenir.

Table

Introduction 7

Chapitre premier
L'affirmation d'un modèle agro-industriel..... 15

De Najac à Drucat-le-Plessiel 16
L'agro-industrie au-delà des frontières....... 29
La politique agricole commune :
deux piliers et deux discours....................... 41
Traire plus pour gagner moins 52
La nouvelle PAC vidée de son contenu 56
Quand l'agriculture industrielle
se prend le mur 63

Chapitre 2
Les grands investisseurs s'en vont aux champs 73

De la production à la distribution,
des semences aux terres cultivées.............. 74
La grande offensive de la finance :
du blé à la tonne de carbone...................... 83

Les grands projets inutiles et imposés 93
Socialiser et verdir les discours 96
L'agrobusiness vert.................................... 98
L'éthique au secours des multinationales .. 106

Chapitre 3
La consolidation d'un marché planétaire 111

Crise financière, crise alimentaire :
l'économie en déclin ?................................ 112
Laisser faire les marchés agricoles :
une exception dans l'histoire...................... 118
Des plans d'ajustement structurel
aux plans d'austérité 122
OMC : grandeur et décadence.................... 134
La constitution d'un grand marché
transatlantique.. 147
Une « réduction substantielle
des tarifs douaniers » 153
Éliminer les « autres restrictions
au commerce des biens »........................... 158
Une offensive conjointe des multinationales
européennes et états-uniennes 169

Chapitre 4
D'autres agricultures,
d'autres politiques sont possibles 175

Il y a des alternatives à l'agro-industrie 176
Relocaliser les activités............................... 183
Changer la PAC… mais pas seulement 194
L'émergence des mouvements,
du local au global.. 204

Composition et mise en pages
Nord Compo à Villeneuve-d'Ascq

Pour l'éditeur, le principe est d'utiliser des papiers composés de fibres naturelles, renouvelables, recyclables et fabriquées à partir de bois issu de forêts qui adoptent un système d'aménagement durable. En outre, l'éditeur attend de ses fournisseurs de papier qu'ils s'inscrivent dans une démarche de certification environnementale reconnue.

PAPIER À BASE DE
FIBRES CERTIFIÉES

Fayard s'engage pour
l'environnement en réduisant
l'empreinte carbone de ses livres.
Celle de cet exemplaire est de :
0,750 kg éq. CO_2
Rendez-vous sur
www.fayard-durable.fr

36-4490-3/01
Dépôt légal : février 2015
Imprimé en Espagne par Industria Gráfica Cayfosa